CASO HENRY
MORTE ANUNCIADA

A investigação
e os detalhes
não revelados
da história que
choc̶o̶u̶ o país

Copyright © 2021 **Paolla Serra**
Direção editorial: **Bruno Thys** e **Luiz André Alzer**
Capa, projeto gráfico e diagramação: **Renata Maneschy**
Revisão: **Luciana Barros**
Fotos: **Secretaria de Polícia Civil, Renan Olaz/CMRJ (página 233),
Paolla Serra (páginas 238 e 239)** e **reproduções**
Foto da autora: **João Ricardo Januzzi**
Tratamento de imagens: **Sidnei Sales**

Dados Internacionais de Catalogação na Publicação (CIP)
(eDOC BRASIL, Belo Horizonte/MG)

S487c Serra, Paolla.
Caso Henry: morte anunciada – A investigação e os detalhes não revelados da história que chocou o país / Paolla Serra. - Rio de Janeiro, RJ: Máquina de Livros, 2021.
240 p. : foto. ; 14 x 21 cm

ISBN: 978-65-00-34016-7

1. Homicídio – Investigação. 2. Crime – Cobertura jornalística – Brasil. I. Título.

CDD 364.1524

Elaborado por Maurício Amormino Júnior – CRB6/2422

Grafia atualizada segundo o Acordo Ortográfico da Língua Portuguesa de 1990, em vigor no Brasil desde 2009.

2ª edição, 2022

Todos os direitos reservados à **Editora Máquina de Livros LTDA**
Rua Francisco Serrador 90/902, Centro, Rio de Janeiro/RJ – CEP 20031-060
www.maquinadelivros.com.br
contato@maquinadelivros.com.br

Nenhuma parte desta obra pode ser reproduzida, em qualquer meio físico ou eletrônico, sem a autorização da editora.

PAOLLA SERRA

CASO HENRY MORTE ANUNCIADA

A investigação e os detalhes não revelados da história que chocou o país

À *memória do pequeno Henry.*

Índice

Apresentação 8

Capítulo 1 – Madrugada sem fim 11

Capítulo 2 – Início das investigações 21

Capítulo 3 – Condomínio Majestic 27

Capítulo 4 – Vaidade e paixão por livros 30

Capítulo 5 – Leniel, Monique e a vida a dois 36

Capítulo 6 – Jairinho e Monique 43

Capítulo 7 – Um menino doce e alegre 52

Capítulo 8 – Deputado cercado de polêmicas 63

Capítulo 9 – Vida em Bangu 69

Capítulo 10 – Casamento turbulento 75

Capítulo 11 – Doutor vereador 80

Capítulo 12 – Romance e acusações de agressão...........87

Capítulo 13 – A rotina na Câmara...........96

Capítulo 14 – Polícia fecha o cerco...........102

Capítulo 15 – Enterro de Henry...........109

Capítulo 16 – Ensaio para os depoimentos...........113

Capítulo 17 – Treze horas na delegacia...........119

Capítulo 18 – Testemunhas importantes...........125

Capítulo 19 – Reconstituição da madrugada...........131

Capítulo 20 – Mensagens com a babá...........137

Capítulo 21 – Defesa nas redes sociais...........145

Capítulo 22 – Monique e Jairinho são presos...........149

Capítulo 23 – Laudos confirmam crime...........155

Capítulo 24 – Babá muda depoimento...........161

Capítulo 25 – A carta de Monique...........169

Capítulo 26 – Mensagens comprometedoras...........187

Capítulo 27 – Cassação de Jairinho...........194

Capítulo 28 – Monique dá entrevista na cadeia...........205

Capítulo 29 – Reencontros no tribunal...........211

Apêndice – Os últimos acontecimentos...........222

Imagens do caso – A história de uma morte anunciada...........228

Apresentação

Na tarde de 8 de março de 2021, eu fazia uma reportagem para o jornal "O Globo" na Barra da Tijuca, no Rio, quando recebi a informação da abertura de uma investigação sobre a morte suspeita do menino Henry Borel Medeiros, de 4 anos. No dia seguinte, consegui o registro de ocorrência e o laudo do exame de necrópsia feito no corpo dele e os enviei a peritos que eram minhas fontes. Precisava da opinião de especialistas. Eles não tiveram dúvidas: havia sinais de violência. Mandei uma mensagem por WhatsApp para o então padrasto da criança, o vereador Jairo Souza Santos Júnior, o Dr. Jairinho, que afirmou estar "sem chão" pela morte do enteado, definido por ele como "incrível" e "doce".

A investigação prosseguiu naqueles primeiros dias e eu acompanhei cada movimento. Uma semana depois, publiquei a primeira reportagem veiculada na imprensa sobre o caso, que traria o inquérito à tona. Começava ali uma apuração em curso até hoje, que embasou mais de 300 reportagens impressas e online e também este livro. Até o momento, foram oito meses ininterruptos de trabalho, em que me concentrei na análise de mais de 1.500 páginas de documentos, no exame de 50 mil arquivos digitais e em cerca de 200 entrevistas feitas pessoalmente, por telefone e por meio de redes sociais. Fui incontáveis vezes à delegacia, ao Ministério Público e ao Tribunal de Justiça.

Fez parte da apuração um encontro que tive em julho, no Instituto Penal Ismael Sirieiro, em Niterói, com a mãe de Henry, a professora Monique Medeiros. Ela, assim como o ex-namorado, estava presa desde abril, por tortura e morte do menino. Durante três horas, Monique falou pela primeira vez a um jornalista sobre o arrependimento de não imaginar que Jairinho pudesse fazer mal ao "amor da sua vida" e afirmou que o filho precisou morrer para que as agressões do ex-parlamentar a crianças fossem, enfim, reveladas.

Tal como a cobertura do dia a dia, o livro é consequência da busca angustiante e incansável pelo esclarecimento do caso. A sucessão de fatos, agrupados e analisados em perspectiva, tornou possível remontar o quebra-cabeça de um enredo que mistura amor, família, conflito, dinheiro, poder e, infelizmente, violência. Não há pré-julgamentos, tampouco uma visão parcial, como reza a cartilha do jornalismo investigativo, centrado no compromisso com a verdade.

Pessoalmente, a pauta me trouxe, além de noites em claro – na ocasião da prisão do casal foram 36 horas consecutivas de trabalho –, ausência em compromissos familiares e sociais diante da dedicação exclusiva ao caso, e um inconformismo pungente pelos questionamentos até das minhas próprias certezas. Para além das versões apresentadas, o fato concreto atormentador é que Henry, um menino saudável, inteligente e afetuoso, havia morrido em circunstâncias, no mínimo, suspeitas. A insatisfação com informações, a atenção aos detalhes e o aprimoramento do olhar foram cruciais na tentativa de desvendar a complexidade desse mistério.

Procurei jogar luz à trama e ao papel dos personagens envolvidos, por uma razão ou outra, na vida e na morte do menino. Para tanto, recorri a fontes de primeira mão, de quem teve participação direta no caso: pais, parentes, funcionários, advogados, médicos, investigadores. Relatos colhidos de terceiros foram checados e rechecados.

Para construir a narrativa, foram fundamentais cartas, trocas de mensagens por aplicativo e ainda postagens em redes sociais. Pela relevância destas provas, mantive os textos da maneira como foram redigidos, com eventuais erros de pontuação ou de gramática, assim como abreviaturas comuns na linguagem usada em mensagens instantâneas. Em alguns casos, fiz mínimas correções, apenas para torná-los compreensíveis ao leitor, sem alterar o teor do conteúdo.

Em novembro de 2022, a partir das provas até então produzidas e em meio a uma infinidade de recursos jurídicos, foi proferida a sentença de pronúncia do casal, com o encaminhamento a júri popular, ainda sem data marcada. Sete jurados que constituem o chamado Conselho de Sentença devem determinar se Jairinho e Monique são inocentes ou culpados pela morte de Henry.

Esta edição foi atualizada um ano após a publicação original do livro e traz um apêndice com os últimos acontecimentos do caso.

Agradeço a todos – e não foram poucos – que me ajudaram a contar esta história.

Paolla Serra
Novembro de 2022

1
Madrugada sem fim

A professora Monique Medeiros da Costa e Silva entrou apressada na emergência pediátrica do Hospital Barra D'Or na madrugada de 8 de março de 2021. Carregava nos braços o filho, Henry Borel Medeiros, de 4 anos e 10 meses. Ela gritou por ajuda às duas recepcionistas que vestiam uniformes cinzas e tinham os cabelos milimetricamente organizados em penteados presos a laços de fitas padronizados. Monique nem chegou a fechar a porta do carona do Mercedes GLA preto ano 2016, dirigido por seu namorado, o vereador e médico Jairo Souza Santos Júnior, conhecido como Dr. Jairinho.

Inaugurado em 9 de março de 1998, o Barra D'Or é um dos hospitais particulares de referência da Barra da Tijuca, bairro da Zona Oeste do Rio com quase 400 mil habitantes, grande parte de classe média alta – muitos deles artistas, jogadores de futebol e políticos. Um serviço realizado na sala onde ficam os equipamentos de controle do circuito interno de imagens, para a instalação de seis telas, dois mouses, um teclado, sete cabos e dez adaptadores, fazia com que as câmeras de segurança do hospital permanecessem desligadas por 48 horas. Nenhuma delas registrou a chegada da família e o atendimento que se iniciaria imediatamente.

Henry, de 1,15m de altura e 20 quilos, vestia pijama com camisa branca de manga comprida e calça azul-marinho com desenhos de cubos mágicos. Estava enrolado numa manta de microfibra lilás do quarto de hóspedes do apartamento 203, do bloco 1, do condomínio Majestic, no Cidade Jardim, também na Barra da Tijuca, onde morava com a mãe e Jairinho havia cerca de 60 dias.

Enfermeiras e um segurança correram em direção a Monique, pegaram o menino e o colocaram numa maca que estava próxima aos quatro consultórios do andar térreo. Com 29 anos de experiência, a médica pediatra Maria Cristina de Souza Azevedo foi acionada em outra sala pela equipe de plantão e, em menos de um minuto, chegou até a criança.

De calça de moletom, camiseta, máscara de proteção e chinelos Havaianas pretos, Monique, de 32 anos, carregava uma bolsa com poucos pertences. Exibia unhas compridas e postiças de acrigel na cor bege. Os cabelos avolumados com uma extensão de mega hair estavam presos por um elástico vermelho. A roupa justa valorizava seu corpo de 1,80m, torneado em sessões de musculação numa academia do Shopping Metropolitano e em treinos funcionais com um personal trainer nas areias da Praia da Barra, na altura do Posto 5.

Depois de deixar o carro em uma das 231 vagas do estacionamento localizado atrás do hospital, Jairinho entrou no saguão vestindo camisa de manga curta e calça de brim pretas da alfaiataria Ricardo Almeida. Calçava chinelos de dedo e usava máscara da mesma cor. Moreno, de 43 anos, quase 1,90m de altura e com o braço esquerdo fechado com tatuagens, ele se apresentou como médico e foi levado por um funcionário até a sala onde o enteado recebia atendimentos de oito profissionais. Monique, sua namorada desde setembro do ano anterior, acompanhava em pé ao lado.

Viviane dos Santos Rosa, pediatra há 12 anos, cinco dos quais dando plantões naquela emergência, descansava na sala dos médicos, quando entrou uma auxiliar de enfermagem. Ela avisou que havia uma "criança em parada" – jargão médico para parada cardiorrespiratória – e Viviane correu para se juntar aos colegas.

Maria Cristina cortou a roupa de Henry para examiná-lo. O corpo de pele clara do menino estava gelado. Ela percebeu equimoses na região toracoabdominal supra pubiana (embaixo da barriga e acima do pênis). Viu lesões com as mesmas características – circunferências roxas de cerca de um centímetro cada – no antebraço esquerdo, próximas ao punho, e nas duas coxas, nas partes anterior e superior. Também chamou a atenção uma escoriação no rosto, na altura do nariz.

As duas pediatras, auxiliadas por enfermeiros e técnicos, passaram a realizar as chamadas manobras de ressuscitação, começando por massagens no peito de Henry. Enquanto isso, Monique e Jairinho relatavam que ouviram um barulho no quarto em que o menino dormia e o encontraram no chão, sem respirar, com mãos e pés gelados.

Viviane observou que a criança apresentava palidez, com coloração azulada, por conta da oxigenação insuficiente do sangue. As extremidades estavam muito frias e as pupilas, dilatadas. Henry não respirava e seu coração não batia; a médica sequer conseguiu contar seu pulso periférico, procedimento padrão nesse tipo de atendimento. Mesmo diante de uma morte tecnicamente confirmada, a equipe insistia no processo de reanimação, capaz de recuperar alguns pacientes em situação semelhante. Henry recebeu oxigênio. Os médicos usaram também o ambu, uma bolsa de ventilação manual.

Maria Cristina saiu da sala e, de seu celular, ligou para Fabiana Barreto Goulart Déléage, pediatra há quase 20 anos e que, assim como as outras duas colegas, trabalhava na emergência infantil do Barra D'Or desde sua inauguração, em 2016. Ela estava de sobreaviso naquele plantão, que começara às 19h da noite anterior. Fabiana morava num condomínio a 5,3 quilômetros do hospital. Trocou de roupa rapidamente, pegou o carro e em menos de dez minutos já colocava as luvas para entrar na sala onde a equipe administrava medicação venosa com doses de adrenalina em Henry – seis ampolas no total.

Orientada por Jairinho, Monique deixou a sala para informar o que acontecia ao seu ex-marido, Leniel Borel de Almeida Junior, pai do menino. Engenheiro de formação, o rapaz de 37 anos acabara de se arrumar para ir ao trabalho quando foi surpreendido no fim da madrugada pela ligação da professora. Monique contou que Henry estava sem respirar e que ele precisava ir ao Barra D'Or.

Leniel pedira um carro por um aplicativo para se deslocar até a Rodoviária Novo Rio, na Região Central da cidade. Dali, pegaria um transporte até Macaé, município a 185 quilômetros de distância, onde trabalhava em uma multinacional ligada à exploração de petróleo. Ele mudou o trajeto e, do Recreio dos Bandeirantes, bairro onde morava, correu para o hospital. Fez o percurso de 17 quilômetros em 23 minutos.

Nesse meio-tempo, Monique ligou e acordou sua mãe, Rosângela Medeiros da Costa e Silva. Ela gritava as mesmas frases por repetidas vezes: "Mãe, o Henry não está respirando!". A idosa, também professora, acordou o marido, o funcionário civil da Aeronáutica Fernando José Fernandes da Costa e Slva, e o filho mais novo, o estudante de engenharia mecânica Bryan Medeiros, que dormia com a namorada, Letícia Almeida, em outro quarto da casa da família, em Bangu. O bairro tradicional e populoso, também na Zona Oeste da cidade, é conhecido por ser o mais distante do mar e o mais quente da capital fluminense, com temperaturas que no verão rotineiramente ultrapassam os 40°C. É cortado por pelo menos 21 favelas dominadas pelo tráfico de drogas ou pela milícia. Rosângela, Bryan e Letícia se arrumaram rapidamente e seguiram em direção à Barra da Tijuca, a cerca de 30 quilômetros de distância.

Jairinho também deixou a sala onde o enteado recebia cuidados. Ligou para a mãe, a dona de casa Maria Manuela Fernandes Santos, e a irmã, Thalita Fernandes Santos, que moravam juntas. Em poucos minutos, seu pai, o coronel reformado da Polícia Militar e ex-deputado estadual do Rio Jairo Souza Santos, conhecido como Coronel Jairo, e Júlio Cesar José de Andrade Filho, o Julinho, marido de Thalita e vereador na cidade de Itaguaí, saíram de Bangu rumo ao Barra D'Or – as duas famílias moravam a dois quilômetros e meio de distância uma da outra.

Na sala do hospital, Fabiana decidiu fazer a primeira intubação de Henry, por volta das 4h30. Neste momento, ela e Viviane perceberam que o menino estava com a mandíbula rígida, característica do chamado trismo (dificuldade de abrir a boca devido à contração dos músculos da face). Embora não seja médica legista, Fabiana acreditava tratar-se de rigidez cadavérica, sinal reconhecível de morte causado por uma mudança bioquímica, que resulta no endurecimentos dos músculos.

Jairinho se reaproximou da sala e perguntou se Henry já havia sido intubado. Fabiana sinalizou positivamente e o padrasto do menino insistia em saber se não haveria um procedimento cirúrgico que pudesse reverter aquela situação. "Não, ele está em parada", disse a médica, acrescentando que a prioridade ali era ressuscitar a criança.

Nesse instante Leniel chegou ao Barra D'Or. Monique e Jairinho estavam em pé, próximos à recepção. Eles disseram que Henry tinha feito um barulho estranho durante a madrugada e, quando foram ao quarto ver o que acontecia, o menino apresentava os olhos revirados e respirava com dificuldade. Monique contou que fez respiração boca a boca no filho durante o trajeto até o hospital.

Leniel entrou na sala de atendimento, seguido pelo casal. As manobras de ressuscitação continuavam. Fabiana perguntou aos três se a criança tinha histórico de doenças ou de ingestão de medicamentos. A mãe respondeu que o filho nascera com má-formação cardíaca, mas que a alteração fora corrigida, sem sequelas. Monique e Jairinho também negaram que Henry tivesse tomado algum medicamento, ainda que acidentalmente. Fabiana chegou a perguntar onde ficavam os remédios no apartamento do casal, e a professora garantiu que eram inacessíveis ao filho.

Às 4h57, ainda próximo aos pais do menino, Jairinho enviou uma mensagem pelo aplicativo WhatsApp a Pablo dos Santos Meneses, vice-presidente de operações e relacionamento da Qualicorp e conselheiro do Instituto D'Or de Gestão de Saúde. Os dois se conheceram e trocaram contatos num evento em 2019 na Câmara de Vereadores do Rio, onde Jairinho cumpria seu quarto mandato. Desde o início da pandemia do coronavírus, ele recebera pedidos do então parlamentar para atendimento de pacientes com a doença. "Amigo, assim que puder me liga", escreveu Jairinho, minutos antes de seu pai chegar à recepção do hospital. Coronel Jairo cumprimentou o filho e Monique, mas voltou ao estacionamento e ficou no carro com o genro, Julinho.

Às 5h42, após tentativas ininterruptas de reanimação de Henry por parte dos médicos – "sem resposta" do menino, segundo o boletim de atendimento médico 0812800 –, foi atestado o seu óbito.

Dezoito minutos depois, Fabiana recebeu uma ligação da cardiologista Taissa Coelho Rezende, diretora operacional do Barra D'Or. Ela estava em casa, também na Barra da Tijuca, em escala de sobreaviso, cuja rotina era manter contato com a unidade às 6h para saber se havia ocorrido alguma alteração no período noturno. Até aquele momento, a médica não conhecia qualquer história de uma criança saudável chegar morta ao hospital. As duas conversaram sobre o quadro de Henry. Consideraram a morte suspeita e concluíram que não poderiam fornecer o atestado de óbito: o corpo deveria ser levado ao Instituto Médico Legal, no Centro do Rio.

Fabiana se dirigiu ao pai, à mãe e ao padrasto de Henry, que estavam na calçada da emergência. Informou todos os procedimentos feitos em vão pela equipe. Acrescentou que seria necessário encaminhar o corpo ao IML, já que não fora diagnosticada a causa da parada cardiorrespiratória do paciente.

Leniel se desesperou com a notícia; era o mais exaltado dos três. Pegou o celular e telefonou para o policial civil Sigmar Almeida, conhecido como Sid, um amigo que fizera nos cultos de quarta-feira e domingo na Igreja Mananciais, que frequentava com mais assiduidade desde que se separou de Monique, em setembro de 2020. A professora, por sua vez, ligou novamente para a mãe, que ainda não chegara ao hospital com o irmão e a cunhada. Chorando, ela contou que Henry estava morto.

Jairinho insistia para falar com Pablo Meneses, desta vez com duas ligações feitas através do WhatsApp. Como o executivo não atendeu, o vereador escreveu às 6h57: "Amigo, me dê uma ligada", "Coisa rápida" e "Preciso de um favor aqui no Barra D'Or". Acreditando tratar-se de algo relacionado à situação da Covid-19, tendo em vista a grande ocupação de leitos do hospital, Pablo respondeu, também por mensagem: "A coisa tá pegando lá". Jairinho fez mais duas ligações, não atendidas, até que às 7h17 o vice-presidente de operações avisou: "Pode ligar, amigo".

Pablo atendeu o vereador, desculpou-se pela demora e perguntou do que ele precisava. "Aconteceu uma tragédia", disse Jairinho, em tom calmo, sem demonstrar emoção. Relatou que seu enteado morrera e pediu que agilizassem a liberação do corpo e o atestado de óbito, sem a necessidade do encaminhamento ao IML. "A mãe dele está sofrendo muito", justificou.

Pablo pediu o nome e a idade da criança para se inteirar do caso diretamente com funcionários do hospital. Nesse mesmo instante, Carla Cristiane Dall Olio, coordenadora médica da emergência pediátrica do Barra D'Or, chegou ao hospital e foi informada do caso, enquanto o corpo de Henry era preparado para ser levado ao setor de conservação.

Pablo Meneses ligou para o Barra D'Or e recebeu a explicação que constava no prontuário: "Criança chegou em PCR, previamente hígida, apresentava algumas equimoses pelo corpo. Óbito sem causa definida. Pais separados. Pai deseja que leve o corpo ao IML. Padrasto é médico e quer que dê o atestado". As informações causaram estranheza e desconforto em Pablo, que, enquanto falava com um profissional do hospital, novamente recebeu mensagens de Jairinho. Uma dizia: "Agiliza ou eu agilizo o óbito? E a gente vira essa página hoje". Outra, enviada logo depois, complementava: "Vê se alguém dá o atestado para a gente levar o corpinho. Virar essa página!".

Quando terminou a ligação, o executivo enviou um texto a Jairinho informando a situação que lhe fora passada sobre o quadro de Henry ao entrar no hospital. Ele recebeu outro telefonema do vereador, mas não atendeu. Às 7h34, retornou e disse que não seria possível dar o atestado de óbito da criança pelos motivos que informara na mensagem.

"Tem certeza que não tem mesmo nenhum jeito? Se não tem jeito, vamos fazer o que tiver que ser feito", escreveu Jairinho, em resposta à mensagem do executivo. Diante da negativa contundente de Pablo, então registrou: "Amigo, a mãe que pediu. Mas vamos fazer o que tiver que ser feito". O vereador tentou ainda fazer outras quatro chamadas por WhatsApp, nenhuma delas atendida pelo executivo.

* * *

Quando passava por um dos corredores da unidade, a coordenadora da pediatria Carla Cristiane foi abordada por Leniel, que a questionou sobre os trâmites. A médica explicou o que deveria ser feito. Ele concordou com a remoção do corpo para o IML e disse que queria saber o que provocara a morte do filho. Uma assistente social informou que era preciso registrar o caso na 16ª DP, na própria Barra da Tijuca, a 12 quilômetros dali.

Jairinho então saiu da sala de espera, sem ser notado por Monique ou Leniel. Pegou seu carro no estacionamento e deixou o hospital. A professora e o engenheiro estavam sentados em cadeiras próximas, junto de Sid, o policial civil que a esta altura havia chegado ao Barra D'Or, e de Cristiane Izidoro, assessora do vereador na Câmara Municipal, chamada por ele para ajudar a namorada nas questões burocráticas. Cris trabalhava para Jairinho havia três anos e prestara serviços para o Coronel Jairo por 30, até ele perder a última eleição, em 2018.

Às 9h41, Monique notou a ausência do companheiro. Fez uma chamada pelo WhatsApp, que não foi atendida, e enviou uma mensagem: "Onde você está?". Ele escreveu dois minutos depois: "Me liga". A namorada insistiu: "Onde você está?". "Estava no posto aguardando você ir na DP", respondeu Jairinho. "No posto com quem? Se estivesse me aguardando estaria no hospital. Com quem estava no posto?", perguntou novamente. Numa sequência de textos, ele disse: "No caminho. Agora indo te vê. Sozinho amor. Passei direto. Pedi pra Cris te trazer. Pra te encontrar. Depois do Barra Garden. Estou tonto".

Pouco depois, ainda naquela manhã, Jairinho fez contato com o governador em exercício Cláudio Castro – que havia sido vereador na Câmara Municipal do Rio entre 2017 e 2018, e que tomaria posse efetivamente no cargo com o impeachment de Wilson Witzel, em maio de 2021. Na ligação, Jairinho disse que, junto com a namorada, encontrara Henry desacordado no quarto e os dois o levaram ao hospital. Ele perguntou a Castro o que seria feito pelas autoridades. Segundo o colunista Lauro Jardim, do jornal "O Globo", Jairinho ouviu como resposta que a apuração caberia à

16ª DP. "O governador em exercício reitera que sempre garantiu autonomia à Polícia Civil e que não interfere em investigações", informou, numa nota, a assessoria de imprensa do governo estadual, em 1º de abril, depois que veio à tona o telefonema.

* * *

Leniel se propôs a cuidar da documentação para a remoção do corpo do filho ao Instituto Médico Legal. O engenheiro pegou uma carona na caminhonete de Sid para registrar a ocorrência na 16ª DP. Enquanto isso, Cristiane, a assessora de Jairinho, levou Monique, em seu carro, para o condomínio Majestic. Pouco antes, o vereador havia estado justamente no apartamento, segundo ele para trocar os chinelos por sapatos.

2
Início das investigações

A 16ª DP (Barra da Tijuca) foi inaugurada num novo endereço em 2005, pelo então governador Anthony Garotinho, pelo secretário de Segurança, Marcelo Itagiba, e pelo chefe de Polícia Civil, delegado Álvaro Lins. Passou a funcionar na Praça Desembargador Araújo Jorge, no Largo da Barra, no sub-bairro Barrinha. A região tem ruas estreitas, casas e prédios de até quatro andares, mercados, padarias, restaurantes, 11 escolas particulares e uma pública, além de uma avenida com quatro motéis.

Antes da morte de Henry, a delegacia da Barra já tinha sido cenário de investigações de outros casos de repercussão. Em 1992, a atriz Daniella Perez, que na época interpretava a personagem Yasmin na novela "De corpo e alma", da Rede Globo, foi encontrada morta com 16 perfurações, oito delas no coração, em um terreno baldio na Rua Cândido Portinari. O delegado Cidade de Oliveira Fontes Filho descobriu no dia seguinte os responsáveis pelo assassinato: Guilherme de Pádua, par romântico de Daniella no folhetim, e a mulher dele, Paula Thomaz, grávida de quatro meses. O ator foi condenado a 19 anos de prisão e Paula, a 16. Ambos seriam soltos após cumprirem um terço das penas.

Em 1998, a morte a tiros do engenheiro e empresário Paulo Roberto de Andrade, filho do bicheiro Castor de Andrade, também movimentou a 16ª DP. Na época, o atirador, Jadir Simeone Duarte, foi indiciado e, depois, condenado pelo crime. Já Rogério Andrade, sobrinho de Castor, foi condenado pela autoria intelectual, mas conseguiu anular o julgamento. O caso faz parte de uma sangrenta batalha, ao longo de décadas, pelo espólio da contravenção no Rio, que inclui pontos de jogo do bicho e de máquinas caça-níqueis.

Em 2003, a 16ª DP esteve nos noticiários com os homicídios do casal norte-americano Zera Staheli, diretor da Shell, e Michelle Staheli, em um condomínio de luxo na Avenida das Américas, a principal da Barra. Um dos quatro filhos encontrou os corpos dos pais no quarto. Nada fora roubado e os portões não tinham sido arrombados. Um ano depois, o caseiro Jossiel da Conceição dos Santos confessou o crime e foi condenado a 25 anos de prisão.

De 1º de janeiro a 31 de dezembro de 2020, a delegacia registrara 12.982 ocorrências – uma média diária de 35 ou uma a cada 41 minutos. Nesse período, foram contabilizados 436 autos de prisão em flagrante e 239 apreensões de drogas. Os roubos, crimes com maior número de inquéritos, somaram 1.413, sendo 548 a pedestres, 241 de celular, 159 em ônibus, 97 de veículos, 74 a comércio, sete de carga e seis a residência. Em um ano, ocorreram 41 estupros e 14 homicídios dolosos na região.

Em março de 2021, quando Henry morreu, a distrital contava com uma equipe de 43 agentes (17 mulheres e 26 homens). Eram seis delegados: o titular, Edson Henrique Damasceno, e cinco adjuntos responsáveis pelos plantões, incluindo Ana Carolina Medeiros.

* * *

Natural de Ribeirão Preto, no interior paulista, Henrique Damasceno se formou em direito em 2002 e se mudou para o Rio após ser aprovado no concurso da Polícia Civil, em 2008. Como adjunto ou assistente, passou pela 17ª DP (São Cristóvão), 22ª DP (Penha), Delegacia de Combate às Drogas (DCOD) e Delegacia de Homicídios da Capital (DHC). Nesta última, atuou na elucidação da morte de Eliza Samudio, em 2011, cujo inquérito levou à condenação do goleiro Bruno Fernandes, do Flamengo, como mandante do homicídio e da ocultação do cadáver da modelo. Damasceno participou ainda do caso da morte da juíza Patrícia Acioli, em que foram examinados três milhões de dados extraídos das torres de celular instaladas na área do Fórum de São Gonçalo, onde ela trabalhava, e ao longo dos 27 quilômetros do seu trajeto até o bairro de Piratininga, em Niterói, onde morava. Todos os 11 policiais militares indiciados, incluindo o tenente-coronel Cláudio Luiz Silva de Oliveira, então comandante do 7º BPM (São Gonçalo), foram condenados pelo crime.

Como delegado titular, Damasceno atuou na 39ª DP (Pavuna) e na Delegacia de Roubos e Furtos de Cargas (DRFC). Entre as prisões de destaque que comandou estão a do traficante Carlos Eduardo Sales Cardoso, o Capilé, procurado havia dez anos e que morava em uma casa no bairro Los Laureles, região de classe média de Assunção, no Paraguai; a do ex-policial militar Marcos José de Lima Gomes, o Gão, apontado como chefe da maior milícia da Zona Oeste do Rio; e a de Danúbia Rangel, mulher do traficante Antônio Bonfim Lopes, o Nem da Rocinha, conhecida como a primeira-dama do tráfico.

Em setembro de 2020, ele foi escolhido pelo também delegado Antenor Lopes Martins Junior, diretor do Departamento Geral de Polícia da Capital (DGPC), para comandar a 16ª DP. Eles haviam trabalhado juntos na Delegacia de Combate às Drogas.

Já Ana Carolina tomou posse como delegada em 2013 e deu plantão como adjunta na 29ª DP (Madureira), na 35ª DP (Campo Grande), na DHC e na extinta Central de Garantias (CG-Norte), na

Cidade da Polícia, para onde eram levados os flagrantes feitos na região. Entre seus principais trabalhos está o inquérito sobre a morte de 24 pessoas no desmoronamento de dois prédios construídos irregularmente na comunidade da Muzema, região na Zona Oeste do Rio de Janeiro dominada pela milícia. A tragédia aconteceu em 12 de abril de 2019 – quatro dias depois de uma forte chuva – e resultou no indiciamento de três pessoas. Com a complexidade da investigação sobre a morte de Henry, ela foi promovida a assistente pelo diretor Antenor Lopes para auxiliar Henrique Damasceno.

Com 20 anos de experiência, Antenor Lopes foi nomeado diretor do DGPC quando o delegado Allan Turnowski assumiu o posto de secretário de Polícia Civil do Rio, em setembro de 2020. Ele esteve à frente de delegacias especializadas, entre elas a de Combate às Drogas e a de Repressão a Crimes de Informática, além de distritais importantes, como a 12ª DP (Copacabana) e a 14ª DP (Leblon). Também integrou a Corregedoria da instituição. Grande parte dos seus trabalhos foi voltada para as prisões de chefes do tráfico e de quadrilhas de assaltantes. Em 2012, capturou Fabiano Atanásio da Silva, o FB, traficante mais procurado do Rio na época, e Luiz Cláudio Serrat, o Claudinho CL, apontado como um dos maiores sequestradores do estado nos anos 1990, em uma casa de luxo em Campos do Jordão, em São Paulo.

O trio formado por Antenor, Damasceno e Ana Carolina conduziria toda a investigação da morte de Henry.

* * *

Leniel Borel chegou à 16ª DP às 11h06 daquele dia 8 de março. Pouco depois, uma guia de remoção de cadáver e uma requisição do exame de necrópsia para Henry, assinadas pelo inspetor Rafael de Araújo Matoso Souto, foram enviadas eletronicamente ao Instituto Médico Legal Afrânio Peixoto. No documento, era solicitado aos peritos que, em caso de haver projétil de arma de fogo ou outro vestígio não biológico coletado no cadáver, o material fosse acondicionado e mandado ao Instituto de Criminalística Carlos Éboli (ICCE) para um laudo descritivo.

Menos de uma hora depois, Cristiane, a funcionária de Jairinho, confirmava a Monique por mensagem de texto que o carro da Defesa Civil chegara ao hospital para o translado do corpo. Ela havia deixado a professora em seu condomínio e fora a Bangu, mas, a pedido de Jairinho, mantinha contato com Leniel para ficar a par do desenrolar do caso. "O corpo de bombeiros já chegou! Está indo para o IML. Falei com Leniel. Estou em Bangu. Se precisar de algo, me chame. Após a autópsia no IML aí sim libera para o sepultamento. Já falei com a funerária", disse a assessora por WhatsApp. "Estou passando muito mal. Obrigada", respondeu Monique. "Imagino, amiga. Que dor. Só Deus para te sustentar. Conta comigo", retrucou Cristiane.

Enquanto isso, na delegacia, Leniel prestava depoimento. Contou que se relacionara com Monique por aproximadamente dez anos e que a professora havia pedido a separação sem explicar os motivos, levando Henry da cobertura que dividiam. A ex-esposa voltara a morar na casa construída pelos dois nos fundos do terreno onde viviam os pais dela, Rosângela e Fernando, e o irmão Bryan, na Rua Boiobi, em Bangu. Na época, assinaram um documento que estabelecia pensão alimentícia e visita quinzenal do menino ao pai.

O engenheiro disse que, logo após o fim do casamento, soube que Monique estava namorando o vereador Jairinho. Contou que Henry reclamara que o padrasto o abraçava de forma muito apertada. Leniel relatou ter procurado o parlamentar para pedir que não repetisse o gesto e que Jairinho o recebera sem qualquer hostilidade.

Leniel disse ainda que no sábado, 6 de março, buscou Henry no condomínio Majestic para passarem o fim de semana juntos.

No mesmo dia, ele contou ter levado o menino a uma festa. No domingo à tarde, os dois foram ao Quintal do Nicolau, um parque de diversões dentro do Américas Shopping, no Recreio dos Bandeirantes. Por volta das 19h, entregou o filho a Monique, de quem recebeu uma foto, cerca de uma hora depois, mostrando Henry já dormindo na cama.

Segundo Leniel, por volta das 4h30, Monique lhe telefonou, dizendo que precisava ir ao Hospital Barra D'Or porque o filho estava sem respirar. Na unidade, ela e Jairinho afirmaram que o menino havia feito um barulho estranho durante a madrugada e, quando foram até o quarto, viram Henry com os olhos revirados e dificuldade para respirar.

Indagado pelo delegado adjunto Rodrigo Freitas de Oliveira se Jairinho, como médico, fizera algum procedimento de reanimação, Leniel respondeu que, pela proximidade do Barra D'Or, eles teriam decidido ir à emergência. Leniel contou ainda que viu profissionais do hospital tentando reanimar seu filho.

O depoimento de Leniel terminou às 12h18 e, 23 minutos depois, o delegado Henrique Damasceno encaminhou ao Instituto de Criminalística Carlos Éboli a requisição do chamado exame de local no apartamento de Jairinho e Monique. Entre os cinco pontos que os peritos deveriam responder estavam: "definir a natureza e as características do ambiente examinado", "identificar o número de pessoas que participaram do evento" e "descrever a dinâmica do mesmo". Começava naquele momento a investigação sobre a morte do menino, cujo inquérito levaria 60 dias para ser concluído e enviado ao Ministério Público.

3
Condomínio Majestic

Por volta das 14h do próprio dia 8 de março, o perito criminal Fernando Rafael Casado de Barros, com 20 anos de Polícia Civil, chegou ao Majestic, um condomínio de sete prédios com 17 pavimentos cada, localizado no número 1.455 da Avenida Vice-Presidente José Alencar, na Barra da Tijuca. Os edifícios têm quatro apartamentos por andar, todos de três ou quatro suítes.

Jairinho, Monique e Henry moravam desde janeiro de 2021 na unidade 203 do bloco 1. O imóvel de 143 metros quadrados, com piso em porcelanato claro, recortes de gesso no teto e iluminação de *led* embutida, tinha sala com dois ambientes, três suítes, varanda e quarto de serviço. Por mês, o vereador pagava R$ 2.650 de condomínio e R$ 2.481 de aluguel.

O apartamento fica em um dos cinco condomínios que compõem o bairro planejado Cidade Jardim, numa área de aproximadamente 560 mil metros quadrados. No total, são 26 torres, que contam com estrutura de lazer completa, piscina de 50 metros de comprimento com iluminação noturna, brinquedoteca, academia de ginástica, espaços para ioga e spinning, sala de massagem, quadras poliesportivas e salões gourmet. Câmeras de vigilância estão espalhadas pelas áreas comuns, e seguranças de ternos pretos, munidos de rádios comunicadores, controlam os acessos 24 horas por dia.

Considerado o mais luxuoso dos cinco condomínios, o Majestic tem arquitetura e decoração com inspiração árabe e paisagismo exuberante com palmeiras e tamareiras. O entorno, conhecido como Região Olímpica, foi pensado justamente para abrigar os eventos internacionais sediados no Rio nos anos 2000, como o Parque Aquático Maria Lenk e a Arena Multiuso. A região, de construções sofisticadas e imponentes, tem ainda ciclovias, chafarizes, shoppings, escolas, lojas de conveniências e serviços de ônibus que rodam pelos bairros próximos dali.

Monique, Jairinho e Henry ainda não eram conhecidos pelos vizinhos. O advogado Ricardo Argento da Costa, morador do 204, e Lídia de Lima Ferreira, do 201, no fim do corredor, não tinham contato com eles nem sequer sabiam seus nomes. Já o casal Haroldo de Almeida e Rosemary Brasil de Almeida, do 202, acreditava que a vedação de silicone em volta das portas e janelas dos apartamentos teria impedido de se ouvir qualquer barulho na madrugada de 8 de março, quando o menino morreu.

Onocleide Tatiana Pessoa Pereira, babá dos filhos de Ricardo, conhecia Henry da brinquedoteca. Ela estava no espaço infantil quando na sexta-feira dia 5, por volta das 10h, o menino chegou levado por Rosângela, a avó materna. Ele brincou com outras crianças e chorou por ter que ir embora.

Henry também frequentava o local com Thayna de Oliveira Ferreira, babá contratada por Monique e Jairinho em 18 de janeiro de 2021, com salário mensal de R$ 2.300. Ela trabalhava de segunda a sexta-feira, alternando o horário de entrada entre 9h e 11h30, dependendo das aulas presenciais do menino no Colégio Marista São José, a 900 metros do Majestic.

Além de Thayna, também trabalhava para o casal desde 8 de janeiro a empregada Leila Rosângela de Souza Mattos, que lavava, passava, cozinhava e arrumava o apartamento de segunda a sexta-feira, das 7h30 às 14h, com exceção das quintas, quando trabalhava para Maria Manuela, mãe de Jairinho. Ganhava R$ 2 mil por mês.

No laudo entregue três dias depois da morte de Henry ao delegado Henrique Damasceno, o perito Fernando Barros afirmou que o imóvel não fora preservado nem isolado: teve livre circulação do momento em que o menino chegou ao hospital, ainda de madrugada, até o início da tarde. Ele disse ainda que não havia nada em desalinho. Ao contrário, a residência estava completamente limpa e organizada, com as peças de decoração em harmonia, camas forradas, lixeiras vazias e brinquedos arrumados.

4
Vaidade e paixão por livros

Com altura de modelo e cuidados extremos com a beleza, Monique Medeiros tinha o Instagram como sua passarela. Era a vitrine onde exibia seu dia a dia e revelava o que pensava. Foi também nesta espécie de diário virtual que ela diz ter conhecido Jairinho, em julho de 2020. Até o início daquele mês, Monique postara em seu perfil 905 fotos, quase todas selfies tiradas nos espelhos do elevador, da academia, do salão de beleza, do quarto e até do banheiro de casa. Chamavam a atenção o olhar marcante arqueado pela sobrancelha delineada com micropigmentação, o sorriso com os lábios carnudos de preenchimento de ácido hialurônico sem mostrar os dentes e os fartos seios aumentados graças a implantes de silicone. As unhas, como no dia da morte de Henry, também apareciam com extensão e quase sempre recebiam cores fortes, como vermelho, vinho e cinza chumbo.

Monique recorria com frequência a procedimentos de beleza em clínicas com dermatologistas e esteticistas. Em 7 de outubro de 2020, ela recebeu uma mensagem de uma médica, por WhatsApp: "Oi, meu amor. Bom dia. Como está seu rosto? Muito inchado? Está sentindo alguma dor intensa?". A professora respondeu: "Pra mastigar dói um pouco e sinto pressão para abaixar o queixo. Mas isso é mole pra gente. Hoje vim fazer a revitalização labial, lembra que lhe falei ontem? Assim que cheguei, tinham quatro mulheres, a recepcionista e a profissional. Todas perguntaram se eu era modelo. Disseram que eu era linda e tinha o rosto perfeito".

Na tarde de 20 de outubro, o perfil do Instagram de Monique foi marcado após uma das sessões de preenchimento. Ao lado de uma foto sua, estava escrito: "Lábios ok. Queixo ok.". Na manhã de 9 de dezembro, uma foto arquivada em seu celular mostrava uma cânula sendo colocada em seu rosto por uma dessas profissionais. O método atua como um lifting dos tecidos com fios de sustentação absorvíveis de polidioxanona, que prometem o estímulo da produção de colágeno, dando firmeza à pele, diminuindo a flacidez e retardando o envelhecimento. Às 18h36 do dia seguinte, em uma selfie postada nos stories, ela escreveu: "Pós imediato de tratamento a longo prazo. Amando!". Em outra imagem, feita dez dias depois, Monique aparecia se pesando em uma balança da academia: o marcador apontava 74,5 quilos. Na mesma tarde, ela registrou o tratamento para quebra de gordura com uma esteticista de uma clínica no Recreio. No dia 26 daquele mês, posou com um roupão roxo de um salão enquanto hidratava os cabelos.

Em seu telefone, Monique guardava uma enorme coleção de selfies e fotos sensuais, vestindo lingeries, biquínis, camisolas rendadas, blusas transparentes e exibindo o corpo. Em um registro de 28 de agosto de 2020, parecia estar nua, sentada em uma cadeira.

As imagens das redes sociais quase sempre eram legendadas com frases motivacionais, como "Acredite. É possível", escrita em 6 de agosto, enquanto ela aparece segurando um iPhone com capa vermelha, vestindo calça de couro preta e blusa social da mesma cor com tule. No ombro esquerdo, ostentava uma bolsa Neverfull com a estampa Damier Azur, modelo clássico da grife francesa Louis Vuitton, vendida a R$ 8.500.

Em outras três postagens, de 20 dias depois, ela estava de botas, com um conjunto de calça de moletom e blusa de crepe, num visual monocromático branco, valorizado por dois anéis, duas pulseiras e dois cordões dourados – um deles com um olho grego, amuleto contra inveja e mau-olhado. O cenário era o restaurante Tragga, no Humaitá, especializado em grelhados premium. Na descrição, as seguintes legendas: "Mais importante que o tamanho dos seus passos é para onde eles apontam. Passos certos, na direção certa, te levarão a lugares altos e inimagináveis", "Recompensa é fruto de dedicação. Se dedicamos amor e tempo ao que realmente importa, a colheita boa é certa" e "Construa seu time dos sonhos. Pessoas que compartilham do mesmo sonho que você fazem o trabalho fluir melhor do que deveria. Entardecer e anoitecer excepcionalmente especiais".

No dia seguinte, mais uma selfie. Dessa vez com um blazer preto, Monique filosofava: "Bonito mesmo é quando a beleza do coração transparece no rosto". A publicação foi curtida por 45 pessoas, a mesma média apresentada pelas demais, o que representa cerca de 0,3% do total de 14.300 seguidores de seu perfil no Instagram em novembro de 2021, quando continuava ativo. Nos destaques dos stories, conjuntos de vídeos curtos mantidos na página principal: antes, durante ou depois dos treinos de musculação; almoçando ou tomando vinho em restaurantes sofisticados; e compartilhando seu maior hobby: a leitura.

No assunto livros, Monique se mostrava eclética na escolha dos títulos. Lia tanto "Aprendizados", em que a modelo Gisele Bündchen narra sua trajetória pessoal e profissional, e "Os naturalistas do império", que trata do conhecimento científico desenvolvido por Portugal e suas colônias no período entre 1768 e 1822, até "Seja foda", best seller de Caio Carneiro. Em vários deles, a professora fazia marcações e anotações. Na página 68 de "Propósito – A coragem de ser quem somos", do guru brasileiro Sri Prem

Baba, ela escreveu a lápis: "Seguir o coração envolve riscos". No fim da 156, pontuou: "A verdade é muito simples. A complexidade existe porque tentamos fugir da verdade".

No quarto que dividia com Jairinho, no condomínio Majestic, Monique empilhou pelo menos 70 livros na estante, e a variedade se repetia. Tinha um exemplar da Constituição Federal, dicionários da língua portuguesa e clássicos como "Dom Casmurro" e "Memórias póstumas de Brás Cubas", de Machado de Assis. Também chamavam a atenção "O menino do pijama listrado", a história de um garoto de 8 anos filho de um oficial nazista que trabalhou em um campo de concentração, e o romance erótico "Cinquenta tons de cinza", em que a jovem e ingênua Anastasia Steele se envolve com o magnata Christian Grey e descobre, por ele, o mundo do sadomasoquismo.

A paixão pelos livros se deu ainda na infância, por incentivo da mãe, professora concursada da rede pública do Rio. Monique nasceu em 27 de junho de 1988 e estudou por quatro anos no Simonin, colégio particular em Bangu. Da 1ª à 4ª séries, manteve notas entre 8.3 e 10 nas disciplinas de português, matemática, estudos sociais, educação física, ciências e inglês. A escola, bem próxima da casa de seus pais, é a mesma em que ela matriculou Henry, em 2019, para cursar o maternal.

Da 5ª à 8ª séries, Monique estudou no colégio particular Ferreira Alves, também em Bangu, o mesmo que Jairinho cursou alguns anos antes com a irmã, Thalita. Nesse período, entre 1999 e 2002, suas maiores notas foram em redação, em que alcançou 9.7 na média do último ano, em contraponto aos 5.5 em matemática e 6.8 em geografia.

Em 2003, no 1º ano do ensino médio, Monique se mudou para o Pentágono, escola no bairro vizinho de Vila Valqueire. O estudo mais puxado, que levou o colégio à 28ª posição no Enem de 2019, com média objetiva de 633.42 (o primeiro colocado na cidade do Rio foi o São Bento, que atingiu 679.34 no ranking), fez com que ela repetisse a série logo no primeiro ano – exatamente como tinha ocorrido com Jairinho, algum tempo antes.

Monique mudou novamente de escola em 2004: foi matriculada pelos pais no Colégio Prioridade Hum, em Padre Miguel, unidade particular que ocupou o 142º lugar no ranking do Rio no Enem de 2019. Na época, com 16 anos, gostava de usar calça da Gang, grife que ficou famosa por deixar o bumbum arrebitado, por meio de uma modelagem extremamente justa de jeans *stretch* e de cintura baixíssima. Na parte de cima, ela, assim como outras adolescentes, diminuía a blusa de malha do uniforme para ficar no limite do umbigo, como determinava a escola.

A menina chamava atenção pela educação, gentileza e também pela beleza. Sentava nas carteiras da frente, participava dos debates e suas notas ficavam sempre acima de 5.0 – passou com 5.5 em literatura, com 6.1 em história e com 8.5 em química, em 2006.

Apaixonada por livros e redação, não foi surpresa que Monique decidisse cursar letras. Foi aprovada no vestibular para o curso de português-latim da Universidade Federal do Rio de Janeiro, na Ilha do Fundão, Zona Norte carioca, onde estudou entre os segundos semestres de 2007 e de 2009. Na época da faculdade, ainda morava com os pais e o irmão na casa herdada da avó materna, em um terreno de 360 metros quadrados na Rua Boiobi, em Bangu. Ia para as aulas de carona com colegas de turma.

Alta, magra e com cabelos na cintura pintados de louro, Monique gostava de usar salto alto, blusas decotadas e acessórios de grifes famosas. Mesmo morando em Bangu, do outro lado da Zona Oeste do Rio, frequentava points badalados na Barra e no Recreio, como bares, restaurantes e quiosques. Um deles, o Pesqueiro, na Praia da Reserva, era seu preferido, especializado em pratos de frutos do mar, com uma farta carta de drinques e sempre embalado por DJs tocando house e pop.

Primogênita de um casal que viveu 36 anos junto (até a morte do pai, Fernando, por complicações com a Covid-19, em julho de 2021), Monique morou grande parte da vida nesse antigo imóvel de três quartos, com muro pintado de amarelo-bebê. A área externa tem churrasqueira e uma piscina. Nos fundos, fica a construção erguida por Leniel. A rua de mão dupla, com pouco movimento de carros, é cercada por outras residências no mesmo padrão, quase todas de um andar e ocupadas por famílias que estão ali há várias gerações.

Foi no seu quarto simples na casa da família que ela se arrumou e se maquiou para comemorar o aniversário da amiga Priscila Furtado, no início de 2011, na Pizzaria Faenza, na Barra da Tijuca. Naquela noite, conheceu Leniel Borel. Graduado em engenharia, ele trabalhava como oficial da Marinha Mercante e fazia curso de especialização para se tornar chefe de máquina de uma empresa ligada à exploração de petróleo.

Os dois saíram da pizzaria, no carro de Leniel, acompanhados por outras duas amigas, para uma rave a 90 quilômetros de distância, em um haras em Santo Aleixo, distrito de Magé, na Baixada Fluminense. O lugar era famoso por abrigar festas de música eletrônica ao ar livre nos fins de semana, com milhares de jovens. O grupo dançou até as 5h e terminou a madrugada na cobertura do engenheiro, no Recreio dos Bandeirantes, onde todos dormiram até a tarde do dia seguinte. A partir daquele dia, e por quase dez anos, Monique e Leniel não se separariam mais.

# 5
Leniel, Monique e a vida a dois

Leniel Borel de Almeida Junior nasceu em 2 de fevereiro de 1984 no Hospital Italiano, no Grajaú, na Zona Norte do Rio. Seus pais – a bancária Noeme Camargo Borges de Souza e o dono de laboratório de análises clínicas Leniel Borel de Almeida – moravam em uma casa na Avenida Nilo Peçanha, uma das principais de Duque de Caxias, na Baixada Fluminense. Era filho único dos dois; seu pai teve duas meninas de outro casamento e sua mãe, mais um rapaz.

De infância simples, Leniel estudou no Colégio Santo Antônio, que faz parte da Associação Franciscana de Dillingen, instituição que mantém duas escolas no estado do Rio e uma em Santa Catarina. A unidade em que concluiu o ensino fundamental ocupava em 2019 a 39ª posição no ranking do Enem, entre os 86 colégios de Caxias. Ele foi aprovado para o Centro Federal de Educação Tecnológica Celso Suckow da Fonseca (Cefet/RJ), no Maracanã, uma das melhores instituições públicas do estado. Lá, cursou o ensino médio e técnico e seguiu para a Escola de Formação de Oficiais da Marinha Mercante (Efomm). Em 2010, formou-se em engenharia de produção pela Universidade do Grande Rio (Unigranrio).

Seus pais se separaram quando tinha 4 anos. Com o divórcio, o menino ficou com a mãe. Morou em outras duas casas em Caxias, até ganhar dinheiro com os primeiros empregos e comprar, financiada, a cobertura na Estrada do Pontal, no Recreio dos Bandeirantes, onde Monique e suas amigas dormiram após a rave em Magé.

Leniel e Monique passaram a se ver todo dia e, depois de apenas duas semanas, ela chegou ao apartamento do rapaz com uma grande mala de roupas. O porteiro estranhou e pediu autorização para deixá-la subir. Nesse início de namoro, já morando juntos, iam a restaurantes de comida japonesa na Barra e dançavam hip-hop e música eletrônica em boates como 021 e Zax Club, no mesmo bairro, e Miroir, em Ipanema. Quase sempre bebiam vodca.

Oito meses depois, na noite de 14 de dezembro de 2012, o casal oficializou o casamento na Paróquia Imaculada Conceição, no Recreio. A festa para mais de 200 convidados foi no salão do condomínio Bora Bora, a dez minutos dali, onde morava uma prima de Monique. Com um vestido tomara que caia com brilho no decote, a noiva exibia uma coroa prateada e cabelos levemente presos em um penteado lateral. Leniel usava um terno preto com gravata e colete prateados.

A certidão do casamento data de 25 de janeiro de 2013 e foi feita no 14º Registro Civil de Pessoas Naturais da Comarca da Capital, em Bangu. "Boa noite, filhos. Que a paz, o amor, a tolerância, a paciência e a amizade permaneçam nesse lar. Deus abençoe este casal tão lindo. Amém", desejou por mensagem a mãe de Monique, Rosângela. "Amém. Obrigada. Que Deus abençoe vocês também. Minha família mais que especial", respondeu a filha.

Monique passou a cursar letras na Universidade Estácio de Sá, faculdade particular com várias unidades no Rio de Janeiro. Ela estudava no prédio do Recreio dos Bandeirantes, agora na graduação português, com mensalidade de pouco mais de R$ 600 – seu diploma é de 28 de abril de 2015. Nesse período, Monique passava pelo chamado estágio probatório após ser aprovada, em 2010, aos 21 anos, em um concurso da Secretaria municipal de Educação. Ela dava aulas para turmas de ensino infantil da Escola Ariena Vianna da Silva. O colégio fica em Senador Camará, bairro cercado por comunidades carentes e dominadas pelo tráfico de drogas. Diversas vezes, a professora teve dificuldades para entrar ou deixar o local por causa de operações policiais e de tiroteios. O lugar, de acordo com o Instituto Municipal de Urbanismo Pereira Passos, recebeu 0,496 no Índice de Desenvolvimento Social no relatório dos anos 2000, o que o colocava na 139ª posição do ranking de bairros da capital – a Lagoa, primeiro da lista, apresentava 0,786.

Monique era descrita por funcionários e pais de alunos como uma professora extremamente dedicada, prestativa, atenciosa e carinhosa. Além de se preocupar com o conteúdo, ela se envolvia com os problemas pessoais das crianças e, por algumas vezes, acionou o Conselho Tutelar por suspeitar de maus-tratos contra algumas delas.

Anos mais tarde, em datas festivas, Henry acompanharia a mãe nos eventos na escola. Às colegas de trabalho, ela se referia ao filho como "príncipe". "Estudamos com você bastante tempo e só sabemos o doce que você é, aquela professora que amava cuidar dos seus alunos, fazia de tudo para nos agradar. A justiça de Deus vai ser feita e estamos com você", escreveu uma adolescente no Instagram de Monique no dia seguinte à morte do menino.

* * *

Trabalhando embarcado até 2015, Leniel passou a fazer escalas de até 21 dias fora de casa. Passou pelos portos de Campos, Macaé, Vitória e Aracaju. Ele foi demitido numa das maiores altas de desemprego da história do país. Sem renda, alugou sua cobertura no Recreio e, depois de derrubar uma árvore, construiu um flat de cerca de 60 metros quadrados atrás da casa dos sogros, em Bangu, com quarto, closet, banheiro e cozinha conjugados.

Leniel tinha o carinho e a confiança da família de Monique. Em uma mensagem enviada ao celular da filha, em 28 de agosto de 2013, Rosângela o mencionava: "Manda um beijo bem especial ao meu genro. Diga que eu o amo muito", escreveu. "Pode deixar. Nós te amamos também", respondeu a professora.

Meses depois, o engenheiro conseguiu uma recolocação em Aracruz, cidade com pouco mais de cem mil habitantes no Espírito Santo. Ficava lá de segunda a quinta-feira, em um hotel, e recebia esporadicamente a visita da mulher, que não concordara em largar o emprego no Rio. No feriado de 7 de setembro de 2015, uma das vezes em que Monique foi visitá-lo, o casal jantou em um restaurante japonês no Centro de Vitória e depois saiu para dançar música eletrônica em uma boate. Beberam algumas doses de vodca e retornaram ao hotel. Naquela madrugada, Henry foi concebido. Nessa época, a professora tatuou em seu corpo "Leniel mais que amor" - frase que seria coberta com flores em um estúdio no BarraShopping em 2 de fevereiro de 2021, um mês antes da morte do filho.

Dias depois, Monique, que não usava nenhum método contraceptivo, estranhou o atraso da menstruação. Em 15 de setembro, fez um teste de farmácia e depois um exame no laboratório. Ambos confirmaram a gravidez. Chorando, ela ligou para o celular de Leniel e contou a novidade. O casal comemorou.

Grávida, a professora cogitou se mudar para ficar com o engenheiro, mas decidiu que faria a cesárea na unidade da Barra da Tijuca da maternidade Perinatal, uma das mais tradicionais do Rio. Ela voltou para Bangu, junto da família.

Separados por mais de 600 quilômetros, Monique e Leniel passaram a gestação trocando mensagens pelo WhatsApp. Em 1º de dezembro, ela reclamou: "Sofrimento demais. Eu já não durmo mais tão bem desde que engravidei. Tenho insônia, acordo com dores, dá formigamento, vou muito ao banheiro fazer xixi". Em outro momento, o engenheiro perguntou à mulher: "Vida.

Jantou?". Ela respondeu: "Não. Por que?". "Tem que comer um pouquinho. Senão você quer comer muito antes de dormir. Estou monitorando sua alimentação. Pra não passar mais mal", completou Leniel. A professora então disse: "Agora senti firmeza".

Dois meses antes do nascimento de Henry, Monique escreveu uma carta a Leniel em que declarava seu amor e agradecia a Deus pela família que estavam construindo juntos:

Rio de Janeiro, 15 de março de 2016.

Sempre me perguntava se realmente tinha como ser feliz com alguém todos os dias, mesmo com todos os problemas do dia a dia. Sempre me perguntava se alguém ia me dar amor exatamente como sou, com minhas qualidades e defeitos, sem querer me mudar e ainda sonhar os meus sonhos.

Sempre quis ser mãe, construir uma família maravilhosa, sólida e com propósitos e valores, mas tinha dúvidas se realmente eu iria encontrar um homem que eu admirasse a ponto de querer que se tornasse o pai dos meus filhos. Desde o começo, sabia que era você, em tudo.

Nunca foi sorte, sempre foi Deus! Que me surpreendeu com o melhor que eu poderia imaginar ou sonhar. Não existe nenhuma palavra que expresse o que eu vivo hoje, não existe mais só eu ou só você, e sim nós dois.

Sei exatamente o que é encontrar a paz em alguém, o que é torcer pela felicidade de alguém como se fosse a sua. Ter a certeza de que sempre poderá passar dias, meses, anos e mais anos e você estará ao meu lado, me apoiando, me incentivando e me amando.

Hoje não é nenhuma data especial, mas não é preciso para demonstrar o amor! Para mim, cada dia é único e especial e amo viver cada segundo com você. Somos uma família muito abençoada e falta pouco para conhecermos o rostinho do fruto do que só a gente sabe o que é. Obrigada por tudo, meu Deus!

Te amo. Nique.

O casamento à distância, que já apresentara os primeiros desgastes, ganhava um novo colorido, sobretudo depois da chegada do bebê, em 3 de maio de 2016. O nascimento de Henry foi muito comemorado também pelo tio e avós maternos e paternos. Os dois ficaram em Aracruz por cinco meses, até o contrato de trabalho do engenheiro chegar ao fim. A família, então, retornou a Bangu. Porém, a conta bancária de Leniel, onde estava depositado seu Fundo de Garantia do Tempo de Serviço, fora bloqueada por causa de um processo trabalhista contra o restaurante Mercato Nero – estabelecimento do qual foi dono, no Recreio, que acabou fechando.

Depois de alguns meses distribuindo currículo, Leniel foi contratado como coordenador de projetos de uma multinacional em Macaé, a quase três horas do Rio. Ficava por lá durante a semana. Monique novamente não concordou em se mudar com o filho para o interior do estado e poucas vezes visitou o marido.

A professora retornou à escola onde trabalhava em Senador Camará após completar a licença-maternidade e iniciou uma pós-graduação online em pedagogia. Em 2018, foi promovida a diretora e ganhou um adicional de pouco mais de R$ 1 mil ao salário de cerca de R$ 3 mil. Pela proximidade com o colégio – aproximadamente três quilômetros, que ela percorria de carro em menos de dez minutos –, preferiu permanecer na casa dos pais.

Ao voltar a dar aulas, preocupada em retomar a boa forma de antes da gestação, Monique começou a praticar crossfit. Matriculou-se também na filial da rede de academias Smart Fit, em um shopping de Bangu, onde fazia musculação todo dia após o trabalho.

Nos fins de semana, quando Leniel voltava ao Rio, os três dormiam às vezes no Recreio, no apartamento que a esta altura já não estava mais alugado. Frequentavam os shoppings da região com Henry, iam à praia e recebiam amigos em casa. Em março de 2020, no entanto, com as restrições impostas pela pandemia do coronavírus, a professora e o engenheiro tiveram as rotinas dos respectivos empregos alteradas para o regime remoto. Decidiram, então, voltar de vez para a cobertura na Estrada do Pontal.

Leniel acreditava que ficariam mais próximos e felizes. Mas não foi bem assim. Ele chegava a fazer 20 reuniões por dia. O casal mal se falava e não tinha mais relações sexuais. Ele só conseguia brincar com Henry à noite, já cansado, e a situação o afastou ainda mais de Monique, que passou a se sentir invisível na própria casa. A relação desandou de vez e ela disse que desejava se separar.

* * *

Durante a pandemia, além de cozinhar e limpar o apartamento, Monique brincava e desenvolvia atividades pedagógicas com Henry. Em fotos armazenadas em seu celular, havia registros do menino segurando cartazes com mensagens de otimismo. "Tenha fé. Vai ficar tudo bem", dizia um deles. Ela também contratou um personal trainer para manter a rotina de exercícios na cobertura. Monique arquivava no aparelho fotos e vídeos em que trabalhava glúteos e coxas sob a supervisão do profissional. Em outras imagens, aparecia forçando os músculos em frente a espelhos.

No dia 28 de julho, por volta das 17h, Leniel estranhou o sumiço de Monique e Henry e enviou uma mensagem para o celular da mulher, com quem ainda estava morando:

Leniel – *Aonde você está?*
Monique – *No shopping, por quê?*
Leniel – *Foi fazer o quê?*
Monique – *Comprar seu presente de Dia dos Pais.*
Leniel – *Desistiu da decisão?*
Monique – *Não. Você continua sendo pai. O melhor que meu filho terá. Para sempre.*

6
Jairinho e Monique

A crise conjugal de Leniel e Monique chegou ao ápice em meados de 2020, com brigas e desentendimentos em casa, na presença do filho. Foi nessa época, segundo a professora, que começaram as investidas de Jairinho através de directs, as mensagens privadas no Instagram. Amigas a incentivavam a aceitar o convite para sair com o vereador. E assim os dois foram almoçar no dia 31 de agosto, no Pobre Juan, restaurante sofisticado de carnes argentinas, no Shopping Village Mall, na Barra. Ela pediu uma taça de vinho branco. Ele preferiu água com gás.

    Aquele seria o primeiro encontro com o homem com quem namoraria e passaria a morar, em uma relação que durou aproximadamente sete meses. Os dois falaram sobre trabalho, as necessidades da comunidade escolar e o dia a dia em Bangu. Também conversaram sobre vida pessoal e conjugal, e acabaram se beijando. No dia seguinte, Monique postou em seu perfil no Instagram uma foto, marcando o restaurante. Ela aparecia sentada, com um colete mostarda e preto cobrindo o decote. O texto dizia simplesmente: "Cada um vê no mundo o que leva no coração…".

    O segundo encontro, em 2 de setembro, foi no não menos requintado Corrientes 348, na Marina da Glória, Zona Sul do Rio -

coincidentemente, também especializado em carnes argentinas. Ponto de encontro de políticos e também de advogados, juízes, desembargadores e promotores, o restaurante estava cheio quando o recém-casal chegou. Jairinho vestia calça e blusa de malha pretas. Monique usava macacão preto, sandália da mesma cor e cordões dourados, um deles com pingente de olho grego. Aos conhecidos, o vereador a apresentou como namorada. Novamente, ela optou por uma taça de vinho branco. Às 15h20, a professora postou nos stories a vista do Parque do Flamengo, com a mensagem: "O dia não poderia ter sido mais especial...".

Cerca de uma semana depois, Monique disse a Leniel que desejava se separar de vez. Arrumou as malas e voltou com o filho para a casa da família, em Bangu. Em uma mensagem de WhatsApp ao pai, a professora escreveu: "Henry está bem, mas meu casamento não vai bem".

Ela então passou a encontrar com frequência o novo namorado em restaurantes badalados e caros da Barra da Tijuca, como o Naga e o Katmandu. No mês seguinte, quando almoçava com Henry em um domingo no restaurante Sal Grosso, no BarraShopping, Jairinho chegou e foram feitas as apresentações. Em campanha para o quinto mandato, o vereador deu para o menino brincar bonequinhos de papel em que aparecia vestido de médico e com o número de sua candidatura. Henry passou a lhe chamar de "médico da mamãe" e, nos dias posteriores, a posar para fotos segurando os bonecos com o desenho de Jairinho.

Na noite de 8 de outubro, o parlamentar mandou entregar na casa dos pais de Monique, em Bangu, chocolates da Kopenhagen e centenas de rosas vermelhas, que chegavam de hora em hora. Naquela semana, ele também enviou para ela, por WhatsApp, parte da letra da música "Por um amor puro", de Djavan: "Te adoro em tudo, tudo, tudo. Quero mais que tudo, tudo, tudo. Te amar sem limites. Viver uma grande história", escreveu. Dias depois, em outra troca de mensagens, ela disse: "Saudades de você". Ele respondeu: "Também, minha princesa. Que coisa boa que temos. Saudades um do outro".

Nessa época, os dois chegaram a ficar hospedados em uma suíte do Hotel Vogue Square, na Barra da Tijuca. No Dia dos Professores, comemorado em 15 de outubro, Monique ganhou de Jairinho uma caneta da grife alemã Montblanc, produzida desde 1906 e um símbolo de luxo – alguns modelos chegam a custar mais de 10 mil euros. Em pouco tempo, a foto de fundo de tela do celular de Monique foi atualizada: ela aparecia de roupa branca, ao lado do novo namorado, vestido de preto. Na agenda do vereador, o contato dela recebeu o nome de "Razão da Minha Vida".

O casal passou um fim de semana na Locanda Della Mimosa, aconchegante e sofisticada pousada em Petrópolis, na Região Serrana do Rio. O espaço abriga também um luxuoso restaurante de comida italiana contemporânea. Naqueles dias, o tempo não estava bom; choveu e fez frio. Monique vestiu casaco de pele com botas e um macacão vermelho com salto alto. Jairinho optou por roupas escuras. Nos jantares românticos, eles pediram pratos típicos da Itália, harmonizados com um vinho branco de rótulo da própria Locanda. No quarto, aproveitaram bem a banheira de hidromassagem, onde tiraram fotos segurando taças de espumante. Chegaram a posar nus para selfies no espelho.

Durante esse fim de semana, Monique deixou Henry com os pais e disse a Leniel que estava com amigas comprando roupas na Rua Teresa, o maior polo de moda daquela região, com mais de 1.200 lojas. Algumas das fotos românticas postadas por ela, no entanto, fizeram com que o engenheiro descobrisse o namoro.

Foi também nesse período que Monique chegou a ser interpelada pela biomédica Mariana Merhy sobre a relação com Jairinho, em mensagens de texto pelo Instagram:

Mariana – *Querida, quando vem aqui? Estamos com vários protocolos novos. Teremos laser promocional semana que vem.*
Monique – *Como você está? Estou frequentando a clínica de uma amiga no Recreio. Mas obrigada pela lembrança. Precisando, lhe aviso.*
Mariana – *Eu vi, tenho acompanhado. Você agora está com um ex de uma amiga minha também. Eles sempre brigavam e voltavam e ela diz que ele faz questão de pagar tudo pra ela até hoje.*
Monique – *Não entendi seu comentário. Se ele faz questão de pagar, deve ser porque ele quer proporcionar uma vida qualificada para os filhos dele com ELA. Acredito que ele não pague as contas dela e sim dos filhos dele.*
Mariana – *Você que pensa e pelo visto não sabe de nada.*
Monique – *Vou bloquear você porque, pelos seus comentários maldosos, meu bem ou a minha felicidade você não quer ver. Felicidades.*

Menos de dois meses depois, Monique chegou a mandar mensagem para a clínica da profissional, pedindo informações sobre as sessões de remoção de tatuagem.

No domingo das eleições, 15 de novembro de 2020, o vereador e a professora acompanharam juntos a apuração dos votos. À noite, jantaram no Gero, em Ipanema, um dos mais caros restaurantes do Rio. Pediram uma sobremesa de sorvete com chocolate. Pelo celular, agradeceram a alguns eleitores. "Obrigada pelo seu voto e da sua família. Com certeza fizeram diferença", escreveu Monique a uma amiga. Com a quinta vitória consecutiva do parlamentar nas urnas, decidiram agilizar os planos de morarem juntos.

Ao longo do mês de dezembro, antes da mudança para o condomínio Majestic, Monique arquivou em seu telefone fotos de eletrodomésticos e móveis, como geladeiras, sofás, poltronas e camas, além de artigos de decoração. Como inspiração, salvou imagens de dezenas de ambientes com cores claras, sobretudo branco. Ela também fez compras de 41 itens de limpeza no valor de R$ 963,47 no supermercado Pão de Açúcar e os levou para o apartamento em cinco bolsas. No site das Lojas Americanas, comprou panela de pressão, ferro e tábua de passar roupa. Nas Casas Bahia, uma de suas entregas atrasou. Em 15 de dezembro, Monique comprou uma cafeteira e um liquidificador. No dia seguinte, roupa de cama na loja First Class. As três televisões, de 32, 43 e 55 polegadas, chegaram no dia 19. Na manhã seguinte, ela recebeu a lista dos 21 ramais do condomínio. Na tarde do dia 21, o wi-fi do apartamento foi conectado por uma empresa de telefonia. Já a adega para 12 garrafas chegou às vésperas do Natal. Nas imagens de seu celular, ainda apareciam dezenas de registros de detalhes do imóvel, de pequenos reparos feitos e da instalação dos aparelhos de ar-condicionado nos quartos e na sala.

Também em dezembro, no dia 11, numa conversa pelo Instagram com o primo Leandro Fernandes, ele se surpreendeu com o novo relacionamento. "Quem é o gato? Separou e não me avisou?", perguntou o rapaz, ao comentar uma de suas publicações. Monique respondeu: "Pois é, separei. Mas minha família não colabora. Tem sido difícil".

Dois dias depois, Leandro continuou o assunto: "Existe o livre-arbítrio e ele deve ser respeitado. Apenas nós mesmos sabemos o que é melhor para nós e se você decidiu que a separação seria melhor para você, isso deve ser apoiado. O que deduzo estar acontecendo é o vínculo da família com o Leniel estar pesando e eles não concordarem com isso. De fora sempre todos querem que mantemos nossos casamentos, mas o fato é que não sabem o que de fato ocorre no dia a dia da relação. Enfim, da minha parte tem todo meu apoio PARA SER FELIZ, isso é o mais importante. Te amo, prima". Monique agradeceu e retribuiu: "Também te amo, primo. Obrigada pelo apoio".

Ao se mudarem para o Majestic, Monique e Jairinho continuaram a frequentar os mesmos restaurantes. Algumas vezes, optaram por pedir comida em casa, por aplicativos de delivery. Na noite de 5 de fevereiro, escolheram um prato do Pecorino Trattoria, no BarraShopping, especializado em culinária italiana. No dia seguinte, Monique colocou um vestido preto justo e sandália de salto fino da mesma cor, além de argolas grossas e douradas, e os dois foram jantar no Gero. No Village Mall, também frequentavam o luxuoso Giuseppe Mar, que tem como carro-chefe lagostas, lulas recheadas e peixes frescos.

O gosto de Monique por exercícios não mudou. Ela se matriculou na academia Bio Ritmo, no Shopping Metropolitano, e mantinha treinos funcionais. Em uma das gavetas do banheiro do apartamento, armazenava frascos de Growth Hormone, o GH, conhecido como hormônio do crescimento, importante para o aumento e a recuperação muscular.

No réveillon de 2021, o casal foi para a casa de praia da família de Jairinho, em Mangaratiba, na Região da Costa Verde do estado do Rio. Lá, estavam os três filhos dele: Luís Fernando, de 23 anos, estudante de direito e fruto de seu relacionamento com a primeira namorada, Fernanda Abidu Figueiredo; e uma menina de 14 e um menino de 8, de seu casamento com a nutricionista Ana Carolina Ferreira Netto. Todos posaram para fotos ao redor da piscina. "Acompanhei as festas. Muito lindo ver a união de vocês. De verdade, te vejo serena como nunca vi antes", escreveu uma colega de trabalho em uma das redes sociais de Monique. "Verdade, amiga. Estou mesmo. Em paz", respondeu.

Em 8 de janeiro, Monique fez uma carta do próprio punho pedindo o desligamento do cargo de direção da Escola Municipal Ariena Vianna da Silva. Quatro dias depois, um ofício da Secretaria municipal de Fazenda e Planejamento do Rio mostrava que sua matrícula como servidora concursada fora colocada à disposição do Tribunal de Contas do Município. Ela, então, passou a trabalhar no gabinete do vice-presidente do órgão, o conselheiro Luiz

Antônio Guaraná, com salário de pouco mais de R$ 6 mil – além de benefícios –, depositado numa conta-corrente que abriu na agência do banco Santander da Avenida Olegário Maciel, na Barra. Conseguiu a vaga por intermédio de Jairinho e se encarregaria de elaborar relatórios sobre educação.

Na mesma semana, Monique ofereceu um jantar aos pais no novo apartamento. "O seu jantar estava maravilhoso e caprichado. O Jairinho é bastante brincalhão, muito família. Rapaz de bem com a vida. Parabéns para ele e para você. Pessoas de bom astral, alegres, descontraem o ambiente, tornam mais leve", elogiou a mãe, Rosângela.

Em paralelo, Monique pressionava o advogado que cuidava de seu processo de divórcio com Leniel: "Eu já lhe disse diversas vezes que estou com pressa de resolver meu divórcio. Se o senhor não for capaz de me ajudar ou estiver ocupado em outros casos, me avise por favor, que entrarei em contato com outro advogado". O profissional então retrucou: "Por conta de ainda estar pendente a questão da divisão de bens. Se faz ou se não faz. Cabendo destacar que ainda ontem entrei em contato com o Leniel, que informou que conversaria com você, Monique, para definir o que fica com quem. Porém, diante da sua mensagem, agradeço a oportunidade, mas não pretendo continuar no caso. Vou copiar essa mensagem ao Leniel. Qualquer dúvida, estarei à disposição. Grande abraço". Sete dias depois, ela assinou uma procuração dando poderes a outro advogado para atuar no caso.

* * *

Se até então tudo era um mar de rosas com Jairinho, em fevereiro Monique foi surpreendida com mensagens privadas de um perfil fake criado no Instagram, com o nome Pena Define. A pessoa – anônima, claro – escreveu após a professora postar uma foto com Jairinho, com a legenda "Amo nossa história". Foi o estopim para um bate-boca virtual.

Pena Define - *Nossa história hahahahha toma vergonha nessa sua cara, mulher! Você tem história com ele aonde? Kkkkk você não é nada!!! Acabou de conhecer e acha que tem alguma coisa. Boa sorte, flor! Vamos ver até quando ele te esconde!*
Monique - *Fica tranquila. Não se preocupe comigo. Sei me cuidar bem, estando só ou não. Desejo o melhor para você e para sua vida!*
Pena Define - *Deve ser muito ruim achar que namora alguém e que tá muito feliz, mas ele vive aparecendo, ligando, correndo atrás e chorando para outra mulher. Lamento por vocês duas!*

Monique suspeitou que estivesse falando de Debora Mello Saraiva, uma das ex-namoradas de Jairinho, mas o interlocutor anônimo negou:

Pena Define - *Quem é Debora na fila do pão, meu amor! Kkkkkk outra palhaça igual a você. Não sei se tenho mais pena de você ou dela. E você não está morando com ele. É o que você queria, mas não está! Ele deve estar muito feliz com você, que essa que você está acusando aí, tá tendo que se esconder dele. Pergunta pro bonitão porque o desespero dele atrás de alguém que ele nunca quis. Tadinha de você... Se soubesse se cuidar tão bem, não teria caído em um papo tão mentiroso e sujo quanto o dele. Mas continua achando que tá com ele e que sabe cuidar bem da sua vida. Tadinha, cara! O tombo vai ser grande.*

No mesmo dia, Monique tirou uma selfie chorando no carro. Seis dias depois, teve uma discussão com Jairinho. O namorado mandou para ela uma mensagem pelo WhatsApp:

Jairinho - *Prometi para mim mesmo que, se você fizesse isso de novo,* não iria atrapalhar sua vida. A partir de amanhã, estou deixando o apartamento livre para você ficar à vontade. Quando eu não for mais desculpa esfarrapada para você não subir para deitar comigo e eu possa participar da sua vida e ainda der tempo para isso, posso voltar. Monique, eu sei me colocar no meu lugar. Numa boa! Você me conhece! Sabe tudo que eu penso e faço. Não é legal você dar desculpa esfarrapada para fazer graça com a minha cara. Te juro, cara! Já te falei que, por mais que eu ame você, se você não tem coragem de fazer o que tem coragem, não precisa me sacanear. Eu faço! Por mais que eu sofra e me foda. Não vou mendigar o que deveria ser natural da sua parte. Não sou peso na vida de ninguém. Desculpe. É assim que você faz eu me sentir.

No fim do mês, Monique escreveu um bilhete e deixou embaixo de uma taça de vinho branco que havia tomado: "Acredito que somos uma grande teia que está interligada, seja por sentimentos, caminhos, verdades, pensamentos, histórias. O que nos liga são nossos iguais e também nossos opostos. E é nesse emaranhado que as trocas acontecem...".

7
Um menino doce e alegre

A partir do primeiro ano de casamento, Monique, com 24 anos, e Leniel, com 28, começaram a fazer planos sobre filhos. Conversavam sobre o assunto com frequência, mas deram um tempo quando o engenheiro passou a trabalhar embarcado e longe de casa por dias seguidos. Comparam uma cadela buldogue inglês, batizada de Rebeca – o animal morreu de ataque cardíaco quando Henry tinha 1 ano.

Monique passou a gravidez no Rio e, por cinco meses, fez o acompanhamento de pré-natal com uma médica que atendia na Barra da Tijuca, até receber uma ligação da secretária dela informando que a profissional não atenderia mais pelo plano de saúde. Só o parto custaria R$ 15 mil. A professora chorou e se desesperou com receio de não achar alguém de confiança. Poucos dias depois, no entanto, conseguiu a indicação do médico André Luiz Ardilha Andrade, no mesmo bairro, com quem permaneceu até a cesárea.

Os exames e ultrassonografias eram feitos em um laboratório também na Barra. Leniel esteve presente em dois deles, inclusive no ultrassom do terceiro mês, que identificou o sexo do bebê. Os dois se emocionaram diante da imagem na tela do monitor. O engenheiro tirou fotos e enviou aos amigos e familiares.

Na última consulta de Monique, o médico alertou o casal que o filho chegaria mais cedo; a data da cesárea seria adiantada. O menino nasceu às 22h36 do dia 3 de maio de 2016, com 2,645kg e 46cm. As famílias lotaram um dos quartos da maternidade Perinatal. Monique, com uma camisola do hospital, e Leniel, de camisa xadrez e calça jeans, estavam emocionados e posaram para fotos.

O casal começou a pesquisar sobre nomes assim que soube da gravidez. Monique chegou a sonhar com o assunto e até leu livros que os ajudassem na escolha. Decidiram que o filho se chamaria Henry, de origem germânica e muito frequente em famílias reais europeias; significava o "governante da casa", o "que manda em casa" e o "príncipe do lar". No dia seguinte ao nascimento, Leniel foi sozinho ao cartório ao lado da Perinatal e decidiu a ordem como o nome seria registrado: Henry Borel (sobrenome do pai) Medeiros (sobrenome da mãe).

Eles saíram do hospital direto para Bangu, onde contavam com a ajuda de Rosângela, mãe de Monique. O berço e a banheira de Henry foram montados ao lado da cama do casal, na casa dos fundos da residência, que Leniel havia construído. Os enfeites, todos brancos com detalhes em azul, tinham desenhos de carneirinhos. A plaquinha com o nome da criança era decorada com tema de marinheiro.

O engenheiro conseguiu uma licença de duas semanas no trabalho. Desde os primeiros dias, Henry dormia na cama do casal, entre os dois. Chorava pouco. Além da amamentação, fazia uso de leites em pó complementares indicados pelos médicos. Isso porque desde o início a professora teve dificuldades para amamentar, por dores nos bicos dos seios. Chegou a testar mitos populares, como comer canjica, e procurou um especialista particular em Ipanema, na Zona Sul do Rio. Henry foi amamentado até completar seis meses.

Ainda nas primeiras semanas, Leniel retornou a Aracruz e

providenciou também a ida de Monique e do bebê, que se mudaram meses depois. Alugaram uma cobertura de 200 metros quadrados em frente à praça principal da cidade, onde ficaram por sete meses. O imóvel tinha três quartos e uma churrasqueira na área externa. Eles contavam com a ajuda de uma babá, Maria, indicada por amigos do trabalho dele, que preparava a comida e cuidava de Henry durante a semana. Aos sábados, fazia faxina.

Inicialmente, Monique resistiu a contratar uma profissional, com medo de que fizesse algum mal ao bebê. A desconfiança era tanta que, antes de Maria começar a trabalhar, instalaram uma câmera de monitoramento da Motorola próxima ao berço. Quando saíam de perto, levavam o controle que lhes permitia ver as imagens em tempo real. O casal se revezava nos cuidados do recém-nascido, inclusive de madrugada, para niná-lo ou colocá-lo para arrotar. Exceto nos momentos de cólica, eram raros os choros da criança.

Foi na cobertura da família, em Aracruz, que Henry deu os primeiros passos, antes de completar 1 ano. Ele se equilibrava em um carrinho andador comprado por Leniel. Monique passou a estudar sobre decoração de festas. Desde o primeiro mês do filho, todo dia 3 a professora enfeitava a mesa com temas infantis. Quando ainda estavam no Espírito Santo, aproveitavam as datas para convidar casais de amigos do trabalho de Leniel com os filhos para comemorar na cobertura.

Ao retornarem para o Rio, eles continuaram a celebrar os chamados "mesversários" de Henry, reunindo as duas famílias na residência de Bangu. Por causa do sucesso das mesas temáticas, a professora fez cursos de especialização e frequentou grandes lojas no Rio e em São Paulo que vendiam itens como cerâmicas e descartáveis. Chegou a organizar eventos de amigos e até registrou um domínio na internet para mostrar seu trabalho, mas o site e o negócio não prosperaram. No aniversário de 1 ano do filho,

Monique fez uma festa caprichada, com o tema Circo do Mickey. Na última comemoração de Henry, quando completou 4 anos, em maio de 2020, o tema foi Super Mario Bros.

Assim que terminou a licença-maternidade da professora, Henry passou a ser cuidado pela avó materna, Rosângela, e por Cristina, uma babá que morava na vizinhança da casa de Bangu. Mas ela conseguiu outro emprego e foi substituída por Glauciene, que também vivia próximo.

O menino costumava dormir por volta das 23h e acordava junto com a mãe, às 9h. Tomava mamadeira – que ele chamava de "mamá" – e via desenhos na televisão e no iPad. Seus vídeos preferidos eram os da Peppa Pig e da Galinha Pintadinha. No YouTube, assistia ao canal cristão 3 Palavrinhas, com mais de cinco milhões de inscritos, cujas animações falam de Deus e contêm legendas que ajudam na alfabetização. Nos celulares dos pais, costumava brincar com jogos.

No terreno da casa dos avós, Henry também gostava de montar peças de Lego, chutava bolas, corria e pulava na piscina. Três prateleiras brancas em seu quarto abrigavam sua coleção de bonecos favoritos: Darth Vader, Hulk, Thor e Homem de Ferro. Chegou a brincar com a cadela Rebeca, mas, com a morte dela, ganhou uma buldogue francês batizada de Olívia, que não saía do seu lado.

Conforme foi crescendo, o menino passou a ter uma dieta balanceada. Preparados por Monique ou por Rosângela, os pratos incluíam feijão, purê de batata inglesa ou baroa, arroz branco misturado com cenoura ou brócolis, além de uma proteína, como ovo mexido, pedacinhos de frango grelhado ou carne moída. Gostava de suco de uva em caixinha ou integral diluído com água – ele nunca experimentou refrigerantes.

Antes de completar 3 anos, Henry foi matriculado na turma do maternal do Jardim Escola Simonin, a três quadras de onde morava. Para complementar o ensino, tinha aulas em casa com a professora Shirlei Santos, que usava métodos lúdicos e brincadeiras para estimular a coordenação motora e o equilíbrio. Em vídeos publicados nas redes sociais, o menino aparecia sentado em uma cadeirinha vermelha ao lado de uma mesa coberta por uma toalha bege, rindo, colorindo, montando as primeiras palavras e balbuciando nomes em inglês para Shirlei. Em outras imagens, arquivadas no celular de Monique, ele relacionava cores de cones às de desenhos em cartazes. Fantasiado de Thor, o Deus do Trovão, da equipe de heróis de Vingadores, o menino também foi fotografado em um painel de números coloridos.

Levado pelos pais ou avós, Henry frequentava uma pracinha na vizinhança e o parquinho do Shopping Bangu. Mas quando Leniel voltava de Macaé, às sextas-feiras, costumava buscar Monique e Henry para dormirem na cobertura do Recreio. Nos fins de semana, os três frequentavam os principais shoppings da região: Américas Shopping, Recreio Shopping e BarraShopping. O menino gostava de jogar games com outras crianças e ir às lojas de brinquedos, de onde geralmente saía com presentes.

Nas férias de Leniel, a família aproveitava para viajar. Conheceram desde as praias de Porto Seguro, na Bahia, até as Cataratas do Iguaçu, no Paraná. Antes de Henry nascer, aliás, o casal já costumava visitar novos lugares, como Gramado, na Serra Gaúcha, onde se divertiu em um parque de neve indoor.

* * *

A mudança para o Majestic levou Monique a reorganizar a vida do filho. Ela montou o quarto de Henry bem em frente ao dela e de Jairinho. Além de duas bicamas com edredom e travesseiros do Mickey, o espaço tinha armário, cômoda, estantes e televisão. As roupas, brinquedos e objetos escolares do menino ficavam milimetricamente arrumados. Em novembro, ainda antes de se mudar, enquanto organizava o apartamento, ela comprou uma câmera de monitoramento, mas o equipamento permaneceu na caixa e nunca foi ligado. No dia 30 daquele mês, escreveu às 2h46 no bloco de notas de seu celular: "Colocação de câmera dentro de casa assistindo do celular".

No mesmo mês, em um dos fins de semana em que Leniel ficou com o filho, Henry retornou ao Majestic com uma assadura. "O que aconteceu aí, Leniel? Cara, estou chorando vendo o ânus do Henry. O que aconteceu aí?", perguntou Monique, irritada:

Leniel – *Nique, não sei. Ele não estava assim. Dei banho de manhã, ele não estava assim.*
Monique – *Sem comentários, Leniel. De verdade. Não estou acreditando.*
Leniel – *Monique, pare de me culpar. Eu cuido bem do Henry. Não vi isso.*
Monique – *Você está irresponsável com o Henry. Se o ânus dele está desse jeito, é responsabilidade sua.*

Após a conversa, ela enviou uma mensagem à pediatra Renata Medeiros, sua prima, pedindo orientações para tratar do filho.
Em janeiro, Monique começou a pesquisar escolas para matricular Henry no ano letivo de 2021. Ficou na dúvida entre três renomados colégios da região; escolheu o Colégio Marista São José, a quatro minutos de distância do condomínio. Classificada como a 16ª melhor da cidade no ranking do Enem em 2019, a escola faz parte de uma rede internacional com mais de 200 anos, presente em 82 países. A unidade conta com salas modernas, aulas de música e arte, projetos bilíngues e amplo espaço para a prática de esportes. A qualidade se refletia no preço da mensalidade para o horário integral: R$ 3.569.

Professora como a filha, Rosângela comemorou a decisão de Monique: "Então ficou no Marista. Boa escolha. Vai dar tudo certo. Precisamos estar conectados a Deus porque com ele tudo dá certo", escreveu, no WhatsApp, no dia 17 de janeiro.

Antes do início do ano letivo, no chamado encontro de vivência, Henry ficou no colo da mãe, que se sentou ao lado de Leniel. Na sala do menino, havia outros 14 alunos. Mal as aulas começaram, o colégio precisou alternar atividades presenciais com remotas por causa das restrições decorrentes da pandemia do coronavírus. Henry chegou a frequentar por apenas 20 dias as aulas matutinas, entre 7h20 e 11h40.

Nesse período, funcionários e pais de alunos não notaram nenhuma anormalidade no comportamento do menino. Pelo contrário. Há seis anos lecionando na instituição, a professora Flávia de Medeiros Mesquita Sargo percebeu que ele era alegre, falante, participativo e interessado nas atividades propostas. Adorava cantar. Somente nos primeiros dias chegou a chorar querendo ir para casa, mas em poucos minutos se acalmou e interagiu com os colegas. A alguns deles, dizia que adorava a casa da avó, em Bangu.

No dia seguinte à morte de Henry, a escola publicou uma nota de pesar nas redes sociais.

A comunidade educativa do Colégio Marista São José – Barra comunica e lamenta o falecimento do estudante Henry Borel Medeiros, em decorrência de acidente doméstico. Estudante da educação infantil, o menino deixará saudade em todos que tiveram a alegria de conviver com ele na escola. Aos quatro anos de idade, cativou professores e coleguinhas, por sua doçura, sensibilidade e inteligência. Em homenagem ao estudante e solidariedade a sua família, não haverá aula para o Maristinha – do maternal ao 1º ano, nos turnos matutino e vespertino. Que a Boa Mãe acolha Henry em seus braços e ampare os familiares nesse momento de dor e saudade. Envolvamos a todos em oração, na certeza de que Jesus e Champagnat nos confortem e fortaleçam nossa fé.

Equipes diretivas e pedagógica.

* * *

Em fevereiro de 2021, na mesma época em que começou a estudar no Marista, Henry passou a fazer aulas de natação na piscina do condomínio, às quartas e sextas-feiras, entre 16h30 e 17h. Também foi inscrito na turma de futebol, às terças e quintas, entre 18h e 19h. Dois professores comandavam as atividades no campo gramado, com mensalidade de R$ 130. Ao lado de 16 outros meninos, ele usava bermuda e camisa preta ou laranja, meião branco e chuteira amarela da Nike. O uniforme, comprado por R$ 160, ainda não tinha chegado. Monique também buscou informações sobre o curso de teatro na Escola de Dança Petite Danse, no Shopping Metropolitano. Por WhatsApp, recebeu a grade com horários e valores e marcou uma aula experimental para Henry.

Em casa, o menino era cuidado por Thayna de Oliveira Ferreira. Sua mãe, Maria Lucia Helena de Oliveira, era babá de Theo, filho de Thalita, irmã de Jairinho. Thayna levava Henry toda tarde à brinquedoteca ou à piscina do condomínio, onde ele ficava com outras crianças.

Ainda em fevereiro, Monique passou a levar Henry a sessões de terapia com a psicóloga Érica Mamede. A orientação para o tratamento partiu da médica Jamille Bernardo, alguns dias antes. "Encaminho paciente citado para acompanhamento com psicólogo. Solicito avaliação e conduta psicológica. Transtorno depressivo? Estresse infantil?", escreveu a profissional em seu receituário.

O assunto da terapia já havia sido discutido com Leniel e ambos concordaram sobre a necessidade de acompanhamento.

O ex-marido sugeriu uma profissional que atendia pelo plano de saúde, em Madureira, na Zona Norte, mas a professora optou por um consultório mais próximo de casa.

Érica fez com Henry cinco consultas. Monique disse à psicóloga que o filho não queria ir ao Colégio Marista São José. Em uma das mensagens que trocaram, na manhã de 9 de fevereiro, a professora contou sobre uma das vezes em que ele resistiu a permanecer na aula: "Henry foi para a escola hoje e chorou tanto que tive que buscar. Combinei que só vai para Bangu sexta-feira quando for para a escola, obedecer e parar de chorar". A psicóloga a elogiou: "Muito bom seu posicionamento".

Monique ainda enviou seis fotos de desenhos feitos por Henry durante as aulas da pré-escola. Em uma das imagens, o menino rabiscou o que seriam suas casas e a figura da mãe: "casinha do Henry e da mamãe" e "casinha de Bangu". Em outra folha, onde a atividade era traçar a família, o menino fez alusão a ele e à mãe.

Segundo a psicóloga, Henry demonstrava afeto pelos avós maternos e pela casa de Bangu. A partir da segunda sessão, ela passou a explorar o lado lúdico da criança, com brincadeiras, desenhos e trabalho com massinhas. Na última consulta que frequentou, Henry contou que morava com "um tio" na sua casa. Perguntado quem era, o menino respondeu: "Tio Jairinho", sem demonstrar medo do padrasto. Logo em seguida, disse estar com saudades de Leniel.

No fim do mês, Érica chegou a propor a Monique encontros com os parentes de Henry. "Queria conversar com você sobre a possibilidade de entrevista familiar, por exemplo, com seus pais, que são os avós mais envolvidos no momento. A entrevista familiar é o protocolo de todo atendimento infantil, dependendo da demanda. E eu sinto ser necessária neste caso". A professora concordou: "Claro, com certeza eles iriam". No dia seguinte, a psicóloga insistiu: "Boa noite, Monique. Será que seu pai conseguiria ir lá amanhã? Tenho o horário de 10h livre. Perguntei por conta da coluna dele. Será que ele conseguiria subir as escadas? Verifica a possibilidade e me avisa por favor!".

Monique também fazia sessões com Érica. Após a morte do filho, ela chegou a mandar mensagens para a psicóloga para continuar com as consultas. "Boa tarde, Érica. Fui à psiquiatra. Ela me orientou a continuar com os atendimentos psicológicos. Estou precisando muito. Aguardo retorno. Bjs", escreveu no WhatsApp, na tarde de 25 de março, enviando ainda a prescrição de remédios controlados que havia recebido. Érica não respondeu.

* * *

Em 18 de fevereiro, Monique mandou uma longa mensagem de texto para a prima, a pediatra Renata Medeiros, para relatar a mudança de comportamento de Henry:

Henry está com medo excessivo de tudo, tem um medo intenso de perder os avós, está tendo um sofrimento significativo e prejuízos importantes nas relações sociais, influenciando no rendimento escolar e na dinâmica familiar. Disse até que queria que eu fosse pro céu pra morar com meus pais, em Bangu. Quando vê o Jairinho, ele chega a vomitar e tremer. Diz que está com sono, que quer dormir e não olha para ele.

Nunca dormiu sozinho, mas antes ficava no quarto esperando irmos ao banheiro ou levar um lanche, agora se recusa a ficar sozinho, não tem apetite, está sempre prostrado, olhando para baixo, noites inquietas com muitos pesadelos e acordando o tempo inteiro.

Chora o dia todo. Iniciei com a psicóloga. Fizemos duas sessões. Uma por semana. Você acha que preciso procurar um neuro, um psiquiatra, fazer duas sessões por semana? Tem sido muito sofrido. Para todos nós.

Renata então sugeriu: "Acho que no início poderia ser duas vezes na semana. Neuro e psiquiatra não. Infelizmente isso é comum". Monique concordou e agradeceu.

* * *

Desde os primeiros dias de vida Henry dormiu na cama do pai e da mãe, entre Monique e Leniel, mesmo tendo berço e, depois, cama. Com o início do relacionamento da professora com Jairinho, o menino também resistia a ficar sozinho em seu quarto. Às 21h42 do dia 23 de fevereiro, Monique enviou à mãe, Rosângela, uma foto do filho deitado numa cama improvisada no chão da suíte que dividia com o vereador. Na conversa por WhatsApp, a avó materna disse: "Toda criança é desse jeito. Seu irmão foi assim. O problema é que pai tolera e aceita. E tio???????", questionou. Monique respondeu: "Quem ama, aceita e tolera também...". Mãe e filha ainda se declararam uma à outra: "Te amo" e "Te amo também. Obrigada!".

Quando saía para comer fora, Henry gostava de repetir os pratos de casa. Um dos restaurantes ao qual costumava ir com Leniel era o Stadium Steakhouse, onde pedia o Junior Fingers, com arroz, feijão, purê e pedaços de frango grelhado. Chegaram a ir num só dia duas vezes ao mesmo restaurante, como na tarde de 7 de março de 2021, quando pai e filho foram primeiro na unidade da Avenida das Américas, na Barra, e depois na do Américas Shopping, no Recreio. Seria o último dia dos dois juntos, antes da morte de Henry, na madrugada seguinte.

8
Deputado cercado de polêmicas

Jairo Souza Santos Júnior é Jairinho desde que nasceu, em 31 de dezembro de 1977. Com o mesmo nome do pai, é o primogênito do policial militar e deputado estadual Jairo Souza Santos com a dona de casa Maria Manuela Fernandes Santos, a Dona Lela – os dois se conheceram na época de colégio, durante a adolescência. O menino cresceu em Bangu, onde sua família mantém a mesma casa de dois andares com piscina e churrasqueira na Avenida Ministro Ary Franco. A residência de muros altos de cimento queimado, paredes amarelas, janelas brancas e três portões de cobre, dois deles para vagas de garagem, foi herdada da mãe de Lela, que veio de Portugal e comprou padarias no bairro da Zona Oeste do Rio. O bloco de concreto quase indevassável ainda exibe uma câmera de segurança voltada para a porta à direita e destoa das casas vizinhas, mais modestas e expostas, com grades baixas no estilo clássico do subúrbio carioca.

Ao lado, há um salão de beleza que oferece serviços de design de unhas, cabeleireiro, estética facial e corporal, dia de noiva e debutantes. Em frente fica um colégio e, na esquina, um pet shop. A rua de mão dupla, de quatro pistas largas, tem movimento pesado por conta dos ônibus que passam por ali e há sempre carros estacionados irregularmente nos dois sentidos. Embora Jairinho e Monique não tenham se conhecido em Bangu, a casa da família da professora fica próxima: são menos de três quilômetros de distância, trajeto que se faz em dez minutos de carro.

Policial militar por mais de 30 anos, Jairo Souza Santos se elegeu pela primeira vez em 2002, pelo Partido Social Cristão (PSC), com o maior número de votos já obtido por um deputado estadual na Zona Oeste do Rio: 50.818. Foi reeleito em 2006, em 2010 e em 2014. Em 2018, recebeu 24.620 votos e ficou como primeiro suplente. Três anos depois, com o deputado Rodrigo Bacellar assumindo a Secretaria de Governo do governador Cláudio Castro, Coronel Jairo voltou à Assembleia Legislativa do Rio (Alerj).

Criado na Zona Oeste, ele tem em bairros como Bangu, Padre Miguel e Realengo seus principais redutos políticos. Caçula de cinco irmãos, nasceu em 1949 e se casou com Maria Manuela nos anos 1970. É pai de Jairinho e Thalita, a quem dedicou o livro de poemas "Pedaços da vida", publicado em 2011 pela Editora Florescer. Também escreveu letras românticas que viraram hits de grupos de pagode e tem adoração pela escola de samba Mocidade Independente de Padre Miguel.

Apaixonado por futebol, Coronel Jairo jogou por 16 anos no Ceres Futebol Clube, que disputa a Série B do campeonato estadual do Rio – em 1990, foi campeão da terceira divisão, o título mais representativo da história do time. Depois, assumiu a presidência do clube, onde ficou até 2021. Cerca de 20 anos antes, com a equipe em situação financeira difícil, chegou a levar as camisas dos jogadores para serem lavadas pela mulher, no quintal de casa.

É de autoria do Coronel Jairo a lei que serviu de base para a construção da primeira universidade pública da Zona Oeste, a Uezo, inaugurada em 2005. O Centro Vocacional Tecnológico (CVT), atrás do campo do Bangu, também foi uma conquista sua para a região. O deputado trabalhou ainda pela criação do Bilhete

Único nos transportes coletivos, permitindo a integração entre ônibus, trens, barcas e metrô. Também foi autor de iniciativas na área de saúde, entre elas a licença-maternidade de 180 dias nas empresas privadas e a criação do Programa de Saúde do Adolescente. Por iniciativas com seu apoio, foram instaladas Unidades de Pronto Atendimento (UPAs) em Bangu, Realengo, Vila Kennedy, Padre Miguel, Santa Cruz, Campo Grande, Senador Camará e Jardim Novo.

Em 2008, o nome do Coronel Jairo foi citado no relatório final da Comissão Parlamentar de Inquérito das Milícias, da Alerj, que pediu o indiciamento de 225 políticos, policiais, agentes penitenciários, bombeiros e civis por envolvimento com o crime organizado. O documento mencionava "práticas várias de milicianos inúmeros, todos, contudo, agindo na Zona Oeste (Campo Grande e Santa Cruz), e atuando sob a liderança da Liga da Justiça, no qual são citados os parlamentares Jerominho Guimarães Filho, Natalino José Guimarães e Coronel Jairo como líderes do grupo".

Em 13 de setembro de 2017, o deputado foi acusado pelo Grupo de Atuação Especializada no Combate à Corrupção, do Ministério Público do Rio, de envolvimento na venda irregular de serviços em postos do Detran: um grupo de pelo menos 40 pessoas movimentava R$ 2 milhões por mês na legalização de carros irregulares. Segundo o Ministério Público, Coronel Jairo atuava como "dono" de alguns postos de vistoria do Detran, entre os quais o de Campo Grande, controlado por ele em 2008, após a prisão de Jerominho e Natalino por ligações com a milícia.

Ele teria viabilizado, para os postos do Detran, a contratação de pessoas pela Facility Gestão Ambiental Ltda., empresa fornecedora de mão de obra terceirizada para órgãos e entidades públicas. Os funcionários eram obrigados a alcançar metas diárias em propinas que chegavam a R$ 500, participar de reuniões com os políticos e ir a comitês de campanha. Em nota enviada à imprensa, o Ministério Público dizia se tratar de um dos maiores esquemas de corrupção já flagrados no Rio, pela quantidade de participantes e pelo volume de movimentações financeiras.

A ação foi baseada em uma investigação iniciada em 2009, a partir de denúncias que chegaram à Corregedoria do Detran. Em 2011, a Justiça autorizou escutas telefônicas e, dois anos depois, a Operação Cruzamento prendeu 89 pessoas. Segundo testemunhas do processo, parte do dinheiro das propinas era destinado a campanhas políticas, entre elas a de Jairinho a vereador, em 2012. Funcionários de um posto do Detran seriam obrigados a conseguir votos de parentes e amigos para Jairinho e a entregar fichas com dados de potenciais eleitores em comitês de campanha do então candidato. O elo entre Coronel Jairo, Jairinho, funcionários do Detran e demais políticos seria feito por Hélio Afonso, na época casado com Thalita – os dois eram responsáveis pelas campanhas políticas da família.

Em um dos despachos, a juíza Regina Freitas, de Santa Cruz, dizia que na investigação ficava "evidenciada a participação no esquema do deputado estadual Coronel Jairo" e que o depoimento da testemunha corrobora "as transcrições telefônicas e demais elementos encontrados nos autos". Em entrevista ao jornal "O Dia", Coronel Jairo negou participação no grupo criminoso: "*(O processo)* fala de um deputado, sem falar. Agora vê se tem alguma coisa lá, vê se tem alguma ligação minha lá. Porque eles fizeram escuta, né? Mas a verdade é que eu nem fui chamado, ninguém me chamou, o Hélio também ninguém chamou", disse.

Em novembro de 2017, Coronel Jairo votou pela revogação da prisão dos deputados Jorge Picciani, Paulo Melo e Edson Albertassi, denunciados na Operação Cadeia Velha. O Ministério Público Federal os acusava de formarem uma organização comandada pelo ex-governador Sérgio Cabral. Segundo a denúncia, o grupo adotava práticas financeiras clandestinas e sofisticadas para ocultar a corrupção, que incluía recursos federais e estaduais, além de repasses da Federação das Empresas de Transportes de Passageiros do Estado do Rio de Janeiro (Fetranspor).

Um ano depois, em 8 de novembro de 2018, Coronel Jairo foi preso na Operação Furna da Onça, uma das fases da Lava Jato no Rio. Ele estava no Hospital Barra D'Or, onde se internara para um cateterismo. Foi acusado pelo Ministério Público Federal de participação no chamado "mensalinho" da Alerj, esquema chefiado por Sérgio Cabral que teria movimentado R$ 54 milhões em pagamentos a deputados que votassem a favor do governo. Do hospital, ele foi transferido para a Unidade Prisional da Polícia Militar, em Niterói. Jairinho era um dos visitantes frequentes do pai; chegava a deitar na cama dele para assistirem juntos à televisão no pequeno aparelho da cela.

Em dezembro daquele ano, vinha à tona mais um escândalo que ganhou grande repercussão: um relatório de 422 páginas do Conselho de Controle de Atividades Financeiras (Coaf), anexado ao inquérito que deu origem à Furna da Onça, envolvia um ex-assessor parlamentar de Flávio Bolsonaro, filho do presidente Jair Bolsonaro. O documento reunia informações sobre operações bancárias suspeitas de 75 funcionários e ex-servidores da Alerj, de 20 diferentes gabinetes de deputados, totalizando mais de R$ 207 milhões. Só no do Coronel Jairo foram movimentados R$ 10,2 milhões entre janeiro de 2016 e janeiro de 2017.

Os relatórios mostravam ainda que o deputado estadual apresentou movimentação financeira incompatível com os rendimentos declarados, além de inconsistências em suas declarações de renda e bens. Chamavam a atenção expressivas doações em dinheiro feitas entre 2008 e 2016 aos filhos, Jairinho e Thalita.

Coronel Jairo tentou pedir à Justiça a conversão da pena para prisão domiciliar, alegando que seu quadro de saúde era delicado e tomava dez remédios diariamente. Na petição, ele mencionou duas internações em menos de 60 dias, histórico de doença esclerótica, infarto do miocárdio com sequelas irreversíveis, implantação de 11 stents coronarianos e angioplastia realizada em fevereiro de 2017, além de apneia grave do sono, que o obrigava a dormir com uma máscara nasal ligada à tomada. O advogado do deputado citou também que ele fora reformado da Polícia Militar em 2008 por problemas de saúde e que o pai e o irmão morreram por conta de doenças do coração.

No entanto, a ministra Cármen Lúcia, do Supremo Tribunal Federal, negou o benefício. Segundo ela, Coronel Jairo "atua e mantém algum sistema capaz de dificultar a reunião de provas em face de sua pessoa, e no que diz respeito a movimentação de valores a descoberto, indicativo de proveniência ilícita de fonte e sua eventual dissimulação, também prossegue sugerindo fortemente reiteração criminosa".

A ministra lembrou que, durante o cumprimento de mandados de busca e apreensão na casa do Coronel Jairo, foi encontrado apenas um computador com os arquivos e históricos de navegação apagados: "Constatou-se que o deputado estadual e sua filha teriam saído de grupos de WhatsApp exatamente no dia que antecedeu o cumprimento dos mandados. Esses fatos demonstram, a meu ver, como já realçado pela DPF em relatórios prévios, que a Operação Furna da Onça de fato teve vazamento benéfico evidente em relação a alguns dos acusados, o que não pode passar despercebido".

Acompanhando o voto do desembargador federal Paulo Espirito Santo, a Primeira Turma Especializada do Tribunal Regional Federal da 2ª Região concedeu habeas corpus a Coronel Jairo, Paulo Melo, Edson Albertassi e Jorge Picciani – os três últimos, como estavam presos preventivamente em razão também da Operação Cadeia Velha, não ganharam a liberdade. No total, Coronel Jairo ficou na cadeia por nove meses.

9
Vida em Bangu

Jairinho fez o antigo 1º grau (hoje ensino fundamental) no Colégio Ferreira Alves, tradicional escola particular em uma rua de paralelepípedos e casas simples em Bangu. Com calça azul-clara e camisa polo branca, com detalhes coloridos na gola, ele conheceu na sala de aula a menina que viria a ser sua primeira namorada, Fernanda Abidu Figueiredo. Anos mais tarde, teve com ela seu primeiro filho, Luís Fernando Abidu Figueiredo Santos.

Nessa época, quando não estava com os amigos no pátio, Jairinho era visto sempre com a irmã, Thalita, que também estudava no Ferreira Alves. Mais de duas décadas depois, já vereador da Câmara Municipal do Rio, ele apoiou a concessão da Medalha Pedro Ernesto, a mais importante da casa, para Nelson de Jesus Gonçalves, um dos professores da escola.

No ensino médio, Jairinho foi para o Pentágono, no bairro vizinho de Vila Valqueire, e, assim como Monique, repetiu o 1º ano. No ano seguinte, esforçou-se, sobretudo em física, e entrou para a turma especial, formada pelos alunos com as melhores notas. Jairinho sentava nas carteiras do meio da sala, era extrovertido e gostava de contar piadas e lembrar, com os amigos, casos engraçados.

No 3º ano, teve aula de geografia com Jorge Luiz Domingos Silva, que coincidentemente lecionou a mesma disciplina para Monique no Prioridade Hum, colégio de Padre Miguel do qual era um dos sócios. Estava com 18 anos e ia para a escola dirigindo um Corsa preto dado pelo pai, na época conhecido como major Jairo. O aparelho de som potente chamava a atenção; sua paixão por carros era tanta que reunia colegas de turma para assistir, à noite, a "pegas" no Largo da Igreja, na Praça da Fé, principal ponto de encontro de jovens em Bangu.

Nos fins de semana, Jairinho gostava de frequentar a quadra da Mocidade Independente de Padre Miguel. Ficava com amigos e com a irmã em um dos camarotes da agremiação, principalmente no período próximo do carnaval. Seu pai era sócio de uma empresa de segurança que prestava serviço nos desfiles na Marquês de Sapucaí e uma figura conhecida no mundo do samba.

Apesar de não se interessar por esportes – não gostava das aulas de educação física –, Jairinho chegou a se matricular em duas academias de Bangu para praticar musculação, a Saúde e a Nova Milenium. No Cassino Bangu, fez aulas de natação. Magro, sempre vaidoso, preocupava-se muito mais em estar com os cabelos cortados, a barba feita e bem-vestido, especialmente com roupas das grifes Toulon e Redley.

* * *

Thalita Fernandes Santos, segunda filha do casal Jairo e Dona Lela, nasceu quando Jairinho tinha 1 ano e 3 meses. Desde crianças, os irmãos sempre foram muito amigos. Brincavam, saíam juntos e frequentavam os mesmos colégios – a diferença era de apenas de uma série escolar. Após concluir o ensino médio, também no Pentágono, Thalita fez vestibular e foi aprovada para o curso de fisioterapia na Universidade Gama Filho, em Piedade, subúrbio carioca.

A moça, porém, nunca exerceu a profissão. Optou por atuar nas campanhas políticas do pai e do irmão, pedindo votos nas ruas da Zona Oeste, comandando funcionários e pagando fornecedores. Articulada e com jeito despachado, Thalita, para muita gente, estava pronta para a vida pública, o que não aconteceu.

Ela se casou pela primeira vez em 2006 com Hélio Afonso, o Helinho, um dos responsáveis pelas campanhas da família; ele coordenava os comitês do Coronel Jairo. O casamento terminou pouco depois de uma década, mas Helinho seguiu próximo do ex-sogro.

Ao se separar, Thalita conheceu Júlio Cesar José de Andrade Filho, o Julinho, também do meio político. Foram morar juntos e tiveram um filho, Theo. Em 2020, Julinho concorreu a vereador em Itaguaí, cidade da Baixada Fluminense, pelo Partido Social Cristão. Foi eleito com 1.053 votos. Com quase quatro mil seguidores no Instagram no fim de 2021, ele se autointitula "um político diferenciado" e faz postagens bem-humoradas sobre sua atividade parlamentar. Também publica fotos e vídeos de Theo, geralmente passeando em shoppings e restaurantes de luxo na Barra da Tijuca.

Thalita está sempre junto nesses passeios. Apesar de ter morado a vida toda na casa dos pais, em Bangu, a moça costuma frequentar lojas de grife no Village Mall, um dos mais sofisticados do Rio. É comum vê-la ostentando bolsas e roupas de marcas internacionais como Prada e Gucci. Quando conheceu Monique, Thalita chegou a compartilhar com ela, pelo celular, o contato de uma vendedora da Agilitá, no BarraShopping, onde vestidos de festa chegam a custar mais de R$ 5 mil.

* * *

Antes de entrar na faculdade, Jairinho começou a namorar firme com Fernanda Abidu Figueiredo, que na época tinha 16 anos. Além de estudarem no Colégio Ferreira Alves, os dois moravam a

350 metros de distância um do outro. Assim como Monique, ela se graduou em letras, na Universidade Castelo Branco. No fim de 2021, trabalhava como secretária executiva na Universidade Federal Rural do Rio, onde estava há 12 anos.

Em 1996, depois de três anos de namoro, Fernanda engravidou e nasceu Luís Fernando. O casal não chegou a morar junto, mas o menino e a mãe eram presenças constantes na casa de Jairinho, sobretudo aos sábados e domingos, quando a residência ficava cheia de amigos e parentes que iam assistir a jogos do Flamengo, comemorar aniversários ou fazer churrascos. Dona Lela brincava com o neto e ajudava a cuidar dele.

Luís Fernando estudou no Colégio Prioridade Hum, em Padre Miguel, mesma unidade onde Monique cursou o ensino médio. Bom aluno, sempre demonstrou interesse por livros, música e cinema. Gosta de *comic books*, de rock clássico – sua banda favorita é a britânica Queen – e de história de super-heróis. Aos 15 anos, participou do Encontro de Adolescentes com Cristo da Paróquia de São Lourenço, na Avenida Ministro Ary Franco, a duas quadras da casa dos avós paternos. Nessa época, Luís Fernando tinha pouquíssimo contato com Jairinho. Um dos assuntos em que divergiam era justamente a vertente política da família do pai – ele simpatizava mais com partidos de esquerda.

Em uma ocasião, os dois tentaram estreitar laços, e Jairinho presenteou o filho com uma festa de aniversário no Recreio, onde organizou um churrasco. Os amigos de Bangu lotaram o lugar. Numa foto em que aparecia com o pai, postada nas redes sociais de Luís Fernando, Fernanda comemorou a reaproximação dos dois.

Assim como o avô e diferentemente do pai, Luís Fernando gosta de futebol e exibe em seu perfil no Facebook uma foto, publicada na revista "Placar", de Zico com a camisa do Flamengo, ao lado de Marinho, ídolo do Bangu e um dos responsáveis pela conquista do vice-campeonato brasileiro de 1985.

No fim de 2021, Luís Fernando tinha 24 anos e era estagiário de direito. Em 23 de fevereiro daquele ano, Monique tentou uma aproximação com o rapaz. "Bom dia, Luís. Aqui é Monique, namorada do seu pai. Tudo bem? Você gostaria de passar uns dias conosco? Ele está sentindo muita falta sua. Posso buscar você o dia que quiser. Tem quarto pra ti aqui e você é muito bem-vindo sempre. Ele está um pouco chateado com algumas coisas e sua presença faria muito bem a ele. Tenha um excelente dia e muitos beijos". O rapaz respondeu: "Oi, Monique. Tudo bem e você? Também estou com muita saudade dele. Vamos combinar, minhas aulas voltaram agora e estou pegando os horários. Mas podemos combinar. Com certeza, a mim também. Ótimo dia, beijos".

* * *

Quando terminou o colégio, Jairinho decidiu estudar medicina – com tio e primos dentistas, sempre disse que seguiria a área de saúde. Fez vestibular para instituições públicas e particulares, como o Centro Universitário Serra dos Órgãos, em Teresópolis, e a Faculdade de Medicina de Petrópolis, ambas na Região Serrana. Ansioso antes das provas, não passou. Decidiu então voltar ao Pentágono para repetir, como ouvinte, o 3º ano do ensino médio. Fez também um cursinho preparatório no Miguel Couto, do BarraShopping, e aulas de redação no Prioridade Hum, em Padre Miguel.

Em 1998, foi aprovado para medicina na Unigranrio de Duque de Caxias, na Baixada Fluminense. As mensalidades, que giravam em torno de dois salários mínimos da época, eram pagas pelo pai. Com aulas em horário integral, Jairinho gostava de, no intervalo, ir almoçar a comida da mãe, em Bangu, a cerca de 30 minutos de distância de carro. Na época de provas, aproveitava as horas vagas para estudar na biblioteca da faculdade. Teve notas medianas ao longo do curso e se formou com o coeficiente de rendimento (CR) de 7,4.

Tinha fama de inteligente, era bem articulado e gentil com professores e alunos; participava de dinâmicas em grupos e emprestava aos colegas os livros caros que comprava. Nos últimos dois anos da graduação, fez o internato, período em que pôde colocar em prática atendimentos a pacientes com a supervisão dos professores da Unigranrio. Passou pelo Hospital Estadual Adão Pereira Nunes, em Duque de Caxias; pelo Hospital Maternidade Xerém, no mesmo município, onde atuou nas áreas de ginecologia e obstetrícia; e pelo Hospital Quinta D'Or, em São Cristóvão, na Zona Norte do Rio.

Ainda durante a graduação, conheceu Ana Carolina Ferreira Netto, um ano e meio mais nova e também moradora de Bangu. Começava ali um relacionamento que, com idas e vindas, duraria 21 anos.

10
Casamento turbulento

Jairinho e Ana Carolina namoravam há seis anos quando decidiram dividir um mesmo apartamento de três quartos em um prédio de dois andares recém-construído na Rua Albert Sabin, a duas quadras da Praia do Recreio dos Bandeirantes. Apesar de viver junto, o casal não costumava ser visto trocando carinhos nem de mãos dadas. Na ocasião, a filha mais velha dos dois ainda era bebê, e Ana Carolina se dividia entre os cuidados com a menina e o trabalho em uma creche da família dela.

Nos fins de semana, o apartamento era frequentado pelos pais de Jairinho e por parentes de Ana Carolina. No aniversário de 1 ano da menina, houve uma grande festa com tema da Branca de Neve, em um salão de Jacarepaguá. O convite era no formato de uma maçã envenenada.

Vizinhos contaram que nessa época ouviam brigas entre os dois, principalmente quando o então vereador chegava muito tarde em casa. "Por que você fez isso comigo?", era uma das perguntas que Ana Carolina gritava enquanto chorava alto. Por vezes, o barulho dela correndo e se trancando no quarto de brinquedos da filha ecoava. Em outras situações, Jairinho esmurrava a porta.

Próximo às eleições de 2008, ele pouco era visto no prédio.

Passava temporadas na casa dos pais, em Bangu, seu reduto eleitoral, para organizar a campanha e participar de eventos e comícios. Aos mais próximos, costumava dar receitas de remédios – até abril de 2021, apesar de afirmar nunca ter exercido a medicina, ele mantinha nos arquivos de seu celular um PDF de receituário em seu nome, em folha branca e detalhes em azul-claro e azul-escuro.

Algum tempo depois, no início de março de 2011, o casal e a filha se mudaram para o condomínio Le Parc Residential Resort, na Barra da Tijuca. Além de piscinas com borda infinita, campo de golfe, quadra de tênis e tendas de massagem, o espaço conta com um clube completo em mais de três mil metros quadrados. Uma cobertura com três suítes e cerca de 300 metros quadrados como a em que o casal morou não sai hoje por menos de R$ 3 milhões. Foi nessa residência que em 2013 nasceu o segundo filho dos dois.

Amigos próximos, vizinhos e parentes sempre souberam do histórico de infidelidade de Jairinho com Ana Carolina e das inúmeras brigas que isso motivava. Depois de uma das separações, ela começou a praticar atividades como passeios de bicicleta, aulas de ioga e trilhas em locais da Zona Oeste do Rio. O gosto pela culinária a fez cursar nutrição e, adiante, a levou a estagiar na Policlínica Piquet Carneiro, da Universidade do Estado do Rio de Janeiro (Uerj).

Em 27 de dezembro de 2013, após quase 15 anos de um relacionamento conturbado, Jairinho e Ana Carolina se casaram em uma cerimônia religiosa. A viagem de lua de mel, porém, foi adiada justamente por conta de uma das muitas discussões. Em 3 de janeiro do ano seguinte, a nutricionista procurou a 16ª DP para registrar que fora chutada na canela pelo marido, dentro de casa.

Ela teria recebido uma ligação anônima de uma mulher, por meio de um número restrito, que a xingava e dizia que Jairinho saíra de casa para vê-la, e não para encontrar amigos, como dissera. Ao inspetor Roberto Gregório de Carvalho, Ana Carolina afirmou que, na ocasião, encontrou o marido na garagem do edifício, dentro do carro, falando no celular justamente com uma mulher. Os dois teriam discutido e ela, desistido de arrumar as malas e viajar para a lua de mel. O vereador passou o dia tentando convencê-la a voltar atrás.

Por volta de 22h, Jairinho pediu uma pizza e Ana Carolina se recusou a comer. Foi quando, segundo ela, o marido teve o que classificou como um ataque de fúria: segurou-a pelo braço e a arrastou até a cozinha, onde passou a ofendê-la e a chutá-la com força. O vereador só teria sido contido com a intervenção da sogra, Maria Carolina Machado Netto, que também estava no apartamento.

Ao policial, a nutricionista relatou que Jairinho sempre foi violento com ela e já tinha lhe agredido "diversas vezes"; em um dos episódios, segundo Ana Carolina, chegou a enforcá-la. Disse ainda que nunca procurou a polícia, mas resolveu fazer isso porque o vereador estava "ainda mais violento" nos últimos tempos.

No fim do depoimento, Ana Carolina foi orientada a fazer um exame de corpo de delito no Instituto Médico Legal. O laudo, que cita um atendimento naquela noite no Hospital Municipal Lourenço Jorge, também na Barra, descreve quatro hematomas: um amarelado com 11 por oito centímetros na parte superior da perna direita, outro de três por três centímetros no joelho direito, um terceiro de nove por oito centímetros na parte superior da perna esquerda, e um último hematoma na face interna do braço direito, de três por dois centímetros. O resultado do exame apontava haver "vestígio de lesão à integridade corporal ou à saúde da pessoa examinada com possíveis nexos causal e temporal ao evento alegado". E confirmava que os machucados foram produzidos por uma ação contundente.

Embora o registro de ocorrência feito pela delegada adjunta Marise Martinez Furtado determinasse que Jairinho fosse ouvido, ele nunca esteve na delegacia para depor. Mais tarde, Ana Carolina retornou à 16ª DP e pediu que o inquérito não prosseguisse. Alegou que a briga fora provocada por seu ciúme. O caso acabou arquivado.

Em 9 de abril de 2021, ao ser chamada a depor no inquérito que apurava a morte de Henry, Ana Carolina voltou atrás. Confirmou ter sido vítima de agressões de Jairinho naquela noite de dezembro de 2013, após o marido perceber que ela desfazia as malas da viagem de lua de mel. Contou ainda que, em razão do episódio, chegaram a se separar por cerca de seis meses, retomando a relação quando ela retirou a queixa. A nutricionista afirmou, porém, que aquele foi o único momento em que apanhou do vereador.

Nesse depoimento que deu em 2021, Ana Carolina disse que as traições de Jairinho lhe causaram muito sofrimento, porque as amantes a perseguiam e a confrontavam. Segundo ela, o ex-marido tinha "um perfil de namorar as amantes". Ela contou ainda que, em 2016, a filha fugiu de casa com uma mochila, deixando uma carta em que dizia precisar "de um tempo". Três horas depois, quando fazia registro na polícia, a menina, então com 9 anos, foi encontrada perto da Maternidade Leila Diniz, na Barra, a quase três quilômetros do condomínio onde a família morava. Ana Carolina negou que a fuga tivesse relação com qualquer agressão, mas com o fato de a criança não querer mais frequentar as aulas de inglês. Ela disse que Jairinho sempre foi bom pai, cuidadoso e zeloso.

Em junho de 2019, porém, moradores do Le Parc denunciaram que Ana Carolina e a filha sofriam humilhações, insultos e ofensas por parte de Jairinho. Uma ligação para o número 180, da Central de Atendimento à Mulher, informava sobre xingamentos e barulhos de objetos quebrando na cobertura da família. A denúncia foi encaminhada à Ouvidoria do Ministério Público do Estado do Rio, que a remeteu para a 1ª Central de Inquéritos. O órgão, por sua vez, acionou o Conselho Tutelar da Barra.

De acordo com um documento assinado pela conselheira Elizabeth do Nascimento Silva Soares no dia 22 de agosto daquele ano, foi feita uma visita à residência da família. Ela relatou que a ex-mulher de Jairinho negou a veracidade dos relatos. Apesar disso, Ana Carolina foi notificada e, dias depois, compareceu à sede do Conselho Tutelar com a filha, de 13 anos à época. A adolescente garantiu que o relacionamento dos pais era "normal" e que, às vezes, discutiam, mas, se assim não o fizessem, não seriam um "casal normal". Também negou que tivesse presenciado a mãe sofrer violência.

Sobre esse episódio, ao depor no inquérito que apurava a morte de Henry, a nutricionista disse que, durante as brigas com Jairinho, era ela quem falava mais alto, o que levava os dois a se trancarem no quarto para as crianças não ouvirem. Ela contou que chegava a berrar coisas como "Abre essa porta! Vou gritar socorro", o que poderia ter chamado a atenção dos vizinhos. Garantiu, porém, que os gritos não eram motivados por agressões.

Nove dias após a morte de Henry, em depoimento na 16ª DP, Jairinho disse que o registro tinha sido feito por causa dos ciúmes de Ana Carolina, mas que à época não prestou depoimento porque a própria ex-mulher retirou as acusações.

Ana Carolina e Jairinho terminaram o casamento em definitivo em novembro de 2019, quando ele voltou para a casa dos pais em Bangu. A nutricionista contou que soube do namoro com Monique em 30 de dezembro do ano seguinte, quando ele ligou avisando que iria acompanhado da professora passar o réveillon na casa da família, em Mangaratiba, onde já estavam os filhos do ex-casal. Ana Carolina pediu que ele fosse sozinho e só levasse a namorada em outra ocasião, para preparar os dois. Jairinho, porém, chegou à residência de veraneio com Monique naquele mesmo dia.

Em 2021, Ana Carolina mantinha uma clínica de nutrição em uma sala comercial no Shopping Vogue Square, também na Barra. Depois da separação, ela se mudou do Le Parc com os dois filhos para um apartamento também de alto padrão no Condomínio Península, no mesmo bairro. As crianças estudam em uma escola bilíngue, em horário integral, com mensalidade em torno de R$ 5 mil.

11
Doutor vereador

Jairinho se formou em medicina no primeiro semestre de 2004. No segundo, mesmo sem ter o diploma nas mãos, adotou o nome Dr. Jairinho e iniciou sua primeira campanha a vereador com o slogan "O médico que vai cuidar do Rio". Tinha 26 anos e começava a seguir os passos do pai. Desde então, venceu cinco eleições consecutivas na Câmara Municipal do Rio. Durante esse período, propôs um total de 218 projetos de lei, além de projetos de emenda, leis complementares, decretos legislativos, projetos de resolução, moções e indicações. Aprovou 59 leis ordinárias de sua autoria e de seus aliados, sete emendas à lei orgânica e nove leis complementares.

Na primeira campanha, ainda sem bens declarados, registrou-se no Tribunal Superior Eleitoral (TSE) como "estudante, bolsista, estagiário e assemelhados". Eleito, foi o mais votado do Partido Social Cristão (PSC), com 23.941 votos. No ano seguinte, assumiu a relatoria da Comissão Especial Sobre Políticas Públicas para a Juventude.

Dois anos mais tarde, foi presidente da CPI instalada para apurar denúncias de irregularidades nos contratos de coleta e aluguel de carros para a Companhia Municipal de Limpeza Urbana, a

Comlurb. O Tribunal de Contas do Município tinha analisado oito contratos no valor total de R$ 387 milhões e apontado diversas irregularidades.

No início do primeiro mandato, Jairinho até tentou seguir na medicina: inscreveu-se em uma pós-graduação sobre prática ortomolecular. Frequentou por pouco mais de um ano um curso aos sábados na Universidade Veiga de Almeida, no Maracanã, mas não o concluiu.

Também nesse período, Jairinho, sempre vaidoso, resolveu se submeter a uma lipoaspiração, feita por um colega de faculdade. A técnica auxiliou na retirada de gordura da parte abdominal. A contragosto, ele usou cinta por alguns meses e teve que passar por sessões de drenagem linfática, mas emagreceu e gostou do resultado.

Em 2008, Jairinho concorreu à reeleição e dessa vez declarou um patrimônio de R$ 112.458,88, sendo R$ 10 mil em 50% de um terreno em Mangaratiba, R$ 8 mil em 40% de participação em uma loja de roupas, e o restante em saldos bancários, títulos de capitalização, plano de previdência, além de R$ 50.800 em espécie. Durante a campanha, arrecadou R$ 297.809,58 e teve gastos com pessoal, material gráfico e locação de imóveis. Elegeu-se com quase o mesmo número de votos do mandato anterior: 23.880.

Em 17 anos como vereador, Jairinho indicou quase 150 pontos de melhoria na cidade do Rio: construção de ciclovias e creches, revitalização de praças, conjuntos habitacionais e esportivos, estradas e clínicas da família, entre outros equipamentos públicos. Seu foco era a Zona Oeste, especialmente os bairros de Bangu, Padre Miguel, Realengo e Magalhães Bastos.

Em 2011, aos mais próximos, repetiu diversas vezes que seu segundo mandato seria o último. Com uma leve gagueira, sobretudo quando ficava nervoso, o vereador não era figura frequente à frente do plenário, onde optava por discursos improvisados. Foi nesta época que conheceu a cabeleireira Natasha de Oliveira Machado, que trabalhava numa das campanhas de reeleição de seu pai. Os dois ficaram juntos pela primeira vez na comemoração da vitória, em uma casa de festas na Zona Oeste da cidade. A partir de então passaram a se ver com frequência, na casa dela, em Bangu, onde morava com a filha; em um flat que o vereador mantinha na Estrada do Pontal, no Recreio dos Bandeirantes; em viagens para a casa da família em Mangaratiba; ou em compromissos sociais de amigos e parentes dos dois.

Em poucos meses, o relacionamento ficou mais sério. Natasha disse que Jairinho a pediu em namoro e, mais tarde, em noivado. O casal trocaria alianças numa festa para 40 pessoas organizada em uma churrascaria no Mercadão de Jacarepaguá, também na Zona Oeste. Mas, em cima da hora, segundo a cabeleireira, o noivo alegou que a mãe havia passado mal e o evento não poderia acontecer sem ela.

Natasha sabia que Jairinho e Ana Carolina se falavam sempre porque tinham uma filha – na época, o menino ainda não havia nascido. Às amigas, no entanto, ela revelou que o "pontapé de desconfiança" se deu no dia em que Ana Carolina esteve na casa dela e disse ser esposa do vereador. Horas depois, confrontado, Jairinho teria afirmado que era tudo mentira e a namorada decidiu acreditar nele. De acordo com Natasha, Thalita, irmã do parlamentar, também corroborava a versão de que o irmão estava separado da ex-mulher.

A cabeleireira se encantava com a maneira gentil e solícita com que era tratada: Jairinho puxava a cadeira para ela sentar, abria a porta do carro, era inteligente, tinha a fala calma e conversava sobre todos os assuntos. A educação e a simpatia também eram percebidas pelos mais próximos do casal, que achavam curiosos alguns hábitos de Jairinho, como nunca andar descalço dentro de casa – preferia usar meias, apesar de morar em Bangu, um dos bairros mais quentes do Rio de Janeiro.

Mesmo diante de tantas qualidades do namorado, com quem ficou junto por quase dois anos, Natasha aos poucos percebeu que sua filha, à época com 3 anos, não queria mais ficar com ela quando estava acompanhada de Jairinho. A menina, que chegou a sair sozinha com o vereador em algumas ocasiões, como para fazer um lanche no McDonald's, passou a chorar e pedir para ir para a casa da avó materna. No início, atribuía as reações a ciúmes da filha, já que o vereador era seu primeiro namorado depois de se separar do pai da criança.

Passados alguns meses, porém, Natasha notou que a resistência da filha a Jairinho só crescia, a ponto de a menina vomitar de nervoso quando o encontrava. Uma vez, quando os três foram a um restaurante no Recreio, a cabeleireira e o vereador tiveram uma discussão. Ela foi embora a pé com a filha. Jairinho buscou o carro e, ao chegar do lado delas, abriu a porta e mandou que entrassem. Ela recusou. O vereador então teria segurado a menina pelos braços e a colocado bruscamente no veículo, saindo em disparada. Mas acabou retornando para buscar a namorada.

Alguns meses depois, em 2012, Natasha recebeu no celular uma foto de um ultrassom enviada por Ana Carolina, que dizia estar grávida do segundo filho de Jairinho. Foi o estopim para que ela terminasse de vez o relacionamento. Mas o vereador não se deu por vencido e passou a persegui-la. Chegava sem avisar em sua casa e ficava no portão até de madrugada, esperando que retornasse de festas e baladas, situações que foram testemunhadas algumas vezes por amigas e familiares da jovem.

Ao comparecer à 16ª DP para depor no inquérito que apurava a morte de Henry, Natasha relatou diversos episódios de agressões após o fim do namoro. Em um deles, Jairinho apertou seu pescoço. Em outro, teve a roupa rasgada ao voltar de uma boate. Contou que também foi empurrada contra a grade de casa por se recusar a conversar com ele.

Na delegacia, Natasha disse ainda que, um ano e meio após o término, sua mãe, Selma Silva de Oliveira, telefonou-lhe durante uma noite para contar que a filha havia tido uma crise de choro ao assistir na TV a um programa sobre maus-tratos a crianças. A menina, que passava boa parte do tempo na casa da avó, confidenciou que havia apanhado de Jairinho algumas vezes. No dia seguinte pela manhã, as três conversaram e a criança, à época com 6 anos, disse que, quando ficava sozinha com o então padrasto, ele lhe falava frases como "Você atrapalha a vida da sua mãe" e "A vida da sua mãe ia ser mais fácil sem você". A filha de Natasha revelou ainda que recebia mocas na cabeça e que Jairinho costumava torcer suas pernas e seus braços.

Durante a descrição das agressões, Natasha lembrou que a filha contou que, certa vez, Jairinho chegou a afundar sua cabeça embaixo d'água numa piscina. Questionada pelo delegado Henrique Damasceno sobre por que não procurara a polícia para denunciar as agressões, ela alegou que, como o ex-namorado tinha dinheiro e poder, as investigações não "dariam em nada". Em entrevista ao jornal "O Globo", porém, a cabeleireira disse se sentir culpada por não ter percebido como o namorado tratava sua filha.

Em um inquérito aberto na Delegacia da Criança e Adolescente Vítima (DCAV) para apurar o caso, a menina – que em 2021 tinha 13 anos – confirmou as agressões ao delegado titular Adriano Marcelo França. Ela contou que o ex-padrasto já bateu com sua cabeça contra a parede do boxe de um banheiro. Descreveu também a situação do afogamento revelada à mãe: o vereador pisou em seu corpo no fundo da piscina para que não conseguisse levantar e respirar.

Ouvida pelos investigadores, Selma, a avó da criança, lembrou que uma vez questionou Jairinho sobre um machucado na testa da menina. Ele teria respondido que o ferimento fora provocado por uma batida no console do carro após uma freada brusca durante um passeio. Em outra ocasião, segundo a avó, a criança chegou com o braço imobilizado e o vereador justificou que ela teria se lesionado durante uma aula de judô. O professor da academia onde a menina praticava o esporte, que também prestou depoimento, negou se lembrar do episódio.

Depois de pouco mais de um mês de investigações, que incluíram laudos do Instituto Médico Legal feitos com base em quatro boletins de atendimentos médicos da menina entre 2010 e 2013, Adriano França indiciou Jairinho por tortura. O delegado concluiu que o perfil do vereador com as crianças alternava: da mesma forma que era carinhoso na presença das mães e em festas com muitas pessoas, era violento na clandestinidade. Durante as investigações, foram narrados chutes, pisões e torções nos braços.

Em uma petição enviada ao delegado Henrique Damasceno, o advogado André França Barreto, contratado inicialmente para representar Jairinho e Monique no inquérito sobre a morte de Henry, alegou que a cabeleireira mentiu em depoimento por ter sido abandonada por ele no altar. No documento, constava que a moça chegou a tatuar o nome do vereador em seu braço. O término do relacionamento teria gerado uma situação "extremamente humilhante", causando ódio em Natasha e promessa de vingança. Segundo o advogado, ela aproveitou que o político estava em evidência com a investigação pela morte de Henry para "desferir mentiras".

Nessa época, chegou a ser aberto também um procedimento na Delegacia de Repressão a Crimes de Informática para apurar o vazamento de um nude de Natasha. A cabeleireira contou que a imagem fora feita na época do relacionamento com o político e chegou a ser distribuída quando terminaram, mas os dois se reconciliaram. O nude foi novamente compartilhado nas redes sociais depois do depoimento prestado por Natasha na 16ª DP.

Em abril de 2021, quando Jairinho e Monique criaram um site e um perfil no Instagram para, segundo o casal, "esclarecer a verdade" sobre as investigações, foram postados quatro vídeos com supostas testemunhas do relacionamento do vereador com Natasha. Com os rostos cobertos, eles rebatiam as acusações de agressões feitas por ela. Além de um homem que se diz amigo do parlamentar, três mulheres que teriam trabalhado com Jairinho apresentaram outra versão para o relato da cabeleireira: disseram que a moça se apaixonou pelo vereador enquanto ele era casado e que tentou atrapalhar a vida dele com a ex-mulher.

    O inquérito da DCAV seguiu para o Ministério Público, que denunciou o vereador também pelo crime de tortura. De acordo com a denúncia, entre os anos de 2011 e 2012, ele submeteu a filha de Natasha a intenso sofrimento físico e mental como forma de castigo pessoal. O documento relatou que Jairinho mantinha, à época, um relacionamento amoroso com a mãe da criança e aproveitava-se do fato para, quando estava sozinho com a menina, torturá-la física e mentalmente. A juíza Luciana Mocco Lima, da 2ª Vara Criminal de Bangu, aceitou a denúncia e tornou o vereador réu no processo, proibindo-o de manter contato com a adolescente e seus familiares.

12
Romance e acusações de agressão

Jairinho foi eleito em 2012 para o seu terceiro mandato com 1,39% dos votos válidos, num total de 43.181, quase o dobro do que recebera nas disputas anteriores. Os números expressivos o levaram a ter mais espaço na Câmara Municipal do Rio. No segundo mandato do prefeito Eduardo Paes, entre 2013 e 2016, foi líder do governo, cargo que também ocupou no período seguinte, com o sucessor Marcelo Crivella. Além de cuidar das articulações políticas, o jeito extrovertido, descontraído e leve eram características elogiadas pelos colegas. Nos bastidores, contava histórias engraçadas e fazia piadas. Sua maneira de cruzar as pernas e as meias coloridas também já foram motivos de gozações no plenário.

Paquerador, Jairinho costumava elogiar as mulheres da Câmara e fazia sucesso com algumas delas. Por vezes, repetia: "Quando eu casar de verdade, quero casar com uma moça bonita igual a você". Uma que se deixou levar pelos galanteios foi a ex-vereadora e ex-deputada federal Cristiane Brasil. Filha do ex-deputado federal Roberto Jefferson, ela viveu com Jairinho um breve romance, que terminou após descobrir uma traição dele.

Em 2014, nos corredores do Palácio Pedro Ernesto, sede da Câmara, Jairinho conheceu Debora Mello Saraiva. Na época, a jovem tinha 27 anos e o vereador ainda vivia um relacionamento com Ana Carolina. Debora assessorava a também vereadora Verônica Costa, conhecida como Mãe Loura do Funk, por ter sido casada com Rômulo Costa, fundador da Furacão 2000. Mas deixou o cargo quando se envolveu com Jairinho. Entre idas e vindas, os dois ficaram juntos durante seis anos.

Aos amigos, Debora diz atualmente que o namorado tinha um histórico conturbado e instável, com discussões recheadas de xingamentos e até agressões físicas. Muitos dos embates eram justamente por Jairinho manter paralelamente o casamento com Ana Carolina, que sabia do romance extraconjugal do marido. Em alguns áudios ouvidos por Debora no celular de Jairinho, a nutricionista ameaçava expô-lo publicamente se mantivesse o relacionamento com a ex-assessora.

Os dois estiveram algumas vezes na casa dos pais de Jairinho, em Bangu. Mas se encontravam com mais frequência no apartamento do vereador na Rua Aroazes, na Barra da Tijuca. A moça costumava dormir por lá e, em 2015, chegou a levar seus dois filhos de um casamento anterior, um menino na época com 2 anos e uma menina de 6. Na ocasião, a mãe de Debora brincou com as crianças no parquinho do condomínio por algumas horas. Os pais dela, porém, nunca aprovaram o relacionamento por conta do pouco compromisso do vereador.

No mesmo ano, Debora e Jairinho passaram cerca de um mês em Angra dos Reis, na Costa Verde fluminense. Ela ficou hospedada na casa de uma madrinha que abrigava a família nas férias, e o vereador alugou um flat próximo. Jairinho conviveu com a família dela e com os filhos em churrascos. No fim da viagem, o mais novo sofreu um grave acidente na cabeça. O casal e as duas crianças foram no carro do vereador para o Centro Pediátrico da Lagoa, um serviço de emergência na Zona Sul do Rio.

Seis anos depois, em 22 de março de 2021, chamada para

prestar depoimento no inquérito que apurava a morte de Henry, Debora afirmou que Jairinho não examinou o menino, embora já tivesse o diploma de médico há 11 anos. Depois de dirigir 160 quilômetros em duas horas e meia, ele abriu a porta do veículo e deixou a família no hospital. Sequer entrou na emergência e não visitou a criança, que ficou internada. Debora, ao ser atendida, relatou que o filho havia caído de uma rede na qual brincava com a irmã e a avó materna. Ela disse ainda não lembrar por que o então namorado não ficou no Centro Pediátrico da Lagoa. No depoimento, negou que ela e seus filhos tivessem sofrido agressões de Jairinho. Debora esteve na 16ª DP acompanhada pelo pai, o advogado Alexandre José de Castro Saraiva. Chegou e saiu da delegacia pela porta dos fundos, com o rosto coberto, sem falar com os jornalistas.

O relacionamento do casal durou até outubro de 2020, quando Debora teria descoberto o namoro de Jairinho com Monique por meio de postagens no Instagram. Disse que ficou, em suas palavras, com "muita raiva" e preferiu se afastar. Jairinho, porém, negava o tempo todo que estivesse com a professora e pedia que não fizesse contato com Monique, como Debora ameaçava. A moça então descumpriu o pedido do vereador e mandou uma mensagem contando do namoro de seis anos. Como resposta, a professora disse que também o namorava.

Em uma mensagem por WhatsApp, Debora enviou para Jairinho os prints da conversa com Monique e cobrou dele:

Debora – *Me respeite. Faça essa gentileza. Por favor.*
Jairinho – *Vi os prints. Mas não condizem com a realidade. Vc quer terminar nosso namoro? Uma loucura da sua parte. Realmente é surreal.*
Debora – *Quero sim. Me faça essa gentileza. Devo ser louca. Mais alguma ofensa? Pq até agora não lhe ofendi. Mesmo podendo.*
Jairinho – *Não é louca! É uma loucura terminar nossa relação assim. Por alguém e algo que realmente não valem a pena.*

Dois dias depois, Jairinho a procurou novamente, desta vez com uma longa mensagem:

Queria muito entender o que se passa nessa cabeça. O que mais me encantava era a sinceridade, a pureza. A certeza de a vida ter dado uma pancada, sem ter dado a chance de acertar. É tão difícil compreender as emoções quando se rompe uma relação. Às vezes temos certeza que tudo passou e de repente tudo volta. Como definir se o que sentimos é amor ou não? Se é saudade ou solidão? Tristeza ou decepção? Aceitar os altos e baixos, os enganos, os tropeços, as dúvidas, a falta de controle. Aceitar a não certeza, o não acesso ao que o outro sente ou pensa, a incoerência do humano, a fraqueza, o medo, a culpa, o erro que não tem conserto, a marca da mentira e o que fazer com tudo isso? O tempo não volta e as coisas não se apagam, mas nada vai permanecer do jeito que está. A incerteza do futuro corrói o medo do que virá. O choro que insiste em voltar, a vida que segue, o tempo que insiste em passar, a confusão que não consegue chegar ao fim, tempos distintos, tempos diversos, tempo de cada um. Amor perdido, amor doido, amor esquecido, quando? Quando você estiver preparada para correr o risco de passar por tudo isso de novo e lembrar da abundância de felicidade num coração que ama, e é amado também. Você é outra pessoa. Infelizmente. Pedi tanto que fosse diferente. O amor verdadeiro é muito difícil encontrar. Mas quando você achar... Dois finais de semana. Telefone desligado. Causar apreensão. Será que isso vale a pena? O tempo vai lhe mostrar que essa troca foi equivocada. Não vai somar nada na sua vida! Eu achei que isso poderia acontecer, falei tanto... Pedi tanto para que não deixasse apagar sua luz. Tem tanta vida pela frente. Pelo amor de Deus. Você não viu mesmo que isso nada iria mudar seu futuro? Por que essa escolha? Será que a vida não ensinou? Enfim. Escrevi para que faça uma reflexão futura. Juro que não sei como e com quem vai tocar. Não entendi você jogar tudo no lixo. Não é possível você não enxergar que mudou, que você está mais velha. Você pode ir onde quiser. Pode até estar achando que está com a vida boa e no caminho certo. Deus queira que não dê com a cara no muro. Linda, assim como eu me arrependi, você vai também. Me sinto tão bem com seu abraço, sua conversa. Estou muito mal. Debora, fique à vontade por favor. Desculpe de verdade ser tão inconveniente. Tô com vergonha de mim. Devo ser realmente muito trouxa. Desculpe de verdade. Você deixou muito claro pra mim. Abri meu coração, mas não deu. Pode seguir. Acho que colocamos definitivamente um ponto final. Tô tão arrependido. Você não tem ideia. Fica bem! Um dia de repente a gente possa ser amigo. Se cuida, cara, que esse mundo não tá fácil.

Debora e Jairinho não se falaram por quase dois meses, mas o vereador insistia em ligar e mandar mensagens, às vezes durante a madrugada. Ele ficava até quatro dias sem fazer contato, mas continuava negando que estivesse com Monique. Em janeiro de 2021, os dois se encontraram três vezes e chegaram a ficar juntos em fevereiro, quando ela o bloqueou no WhatsApp – Jairinho passou, então, a mandar SMS. Em março, à 1h47 do dia 8, duas horas antes de Henry ser levado ao Barra D'Or, o vereador enviou para Debora: "Pelo amor de Deus", em resposta a uma mensagem mandada às 15h47 do dia anterior, em que ela dizia: "Tô cansada de você".

Pela manhã, cinco horas depois de confirmada a morte do menino pela equipe médica da unidade de saúde, Jairinho continuou a conversa, após Debora se queixar de ardência ao urinar: "Precisa saber o que deu no antibiograma. Tem que tratar, tem que tratar", enfatizou. Às 11h46, a ex-assessora respondeu que não tinha feito o exame e foi repreendida pelo vereador: "Que loucura é essa", continuou, sem mencionar o ocorrido com Henry naquela madrugada. Debora só teve conhecimento da morte do menino por amigos e por reportagens da imprensa.

Dois dias antes de ir à delegacia depor, Debora ligou para Thalita para falar da intimação. Do outro lado da linha, a ex-cunhada disse: "Estamos passando por um momento muito difícil. Sua intimação é só para saber do relacionamento de vocês". Em seguida, Jairinho telefonou para tranquilizá-la, dizendo que precisaria contar somente sobre o envolvimento dos dois e se ele era agressivo.

No mesmo dia, o advogado André França Barreto também ligou para Debora. Reiterou que ela deveria ficar calma e "não entrar em pânico", apenas contar a verdade. Horas depois, o próprio Jairinho telefonou diversas vezes para Debora, mas ela não o atendeu.

Vinte e cinco dias depois de depor, em 16 de abril, Debora procurou o delegado Henrique Damasceno e voltou atrás das primeiras declarações. Em novo depoimento ela narrou, ao longo de quatro horas, episódios de violência que sofreu por parte do parlamentar – foram tantos, segundo disse, que sequer seria "capaz de contabilizar". Na delegacia, Debora alegou ter mentido no primeiro depoimento e omitido informações por se sentir ameaçada. Ela lembrou como foi a conversa por telefone com Jairinho, ao receber a intimação:

Jairinho – *É só você falar a verdade, amor.*
Debora – *Verdade? Você quer mesmo que eu diga a verdade?*
Jairinho – *Você vai falar a verdade.*

Debora disse ter entendido, pelo tom, que não poderia contar o que sofreu, tampouco o que sabia, especialmente porque naquele momento Jairinho ainda estava em liberdade.

Em seu novo depoimento, a ex-assessora revelou que, a partir do segundo ano de relacionamento, passou a sofrer agressões físicas, inclusive após terminar o namoro. A primeira vez foi em 2016, quando mexeu no celular de Jairinho e descobriu uma troca de mensagens dele com Ana Carolina. Debora o acordou e o vereador ficou transtornado: segurou-a pelo braço e disse que "sumiria" com ela simulando um assalto. Segundo relatou, Jairinho a jogou no sofá e passou a esganá-la, apertando seu pescoço, a ponto de não conseguir respirar. Subitamente, entretanto, a feição do namorado mudou, ele a soltou e falou: "Vamos dormir".

Em outra ocasião, no mesmo ano, Debora teria sido chutada por Jairinho e fraturou um dos dedos do pé. Já em 2020, quando estavam na casa da família do vereador em Mangaratiba, ao tentar ver o celular do namorado, Jairinho lhe aplicou um mata-leão, arrastou-a pela casa e deu três mordidas em seu couro cabeludo.

Debora contou também sobre situações vividas por seu filho mais novo, relatadas pelo próprio menino. A primeira delas ocorreu em 2015, enquanto ela dormia. O vereador colocou na boca do menino um papel, um pano e disse que ele não poderia engolir. Jairinho teria deitado o menino no sofá da sala e ficado em pé sobre ele, com o peso de seu corpo. A criança conseguiu escapar e tentou acordar a mãe no quarto, mas Debora acredita que estava dopada – ela disse ter visto um pó branco na taça em que havia bebido água e refrigerante na noite anterior. Jairinho foi atrás do menino e o levou ao estacionamento. Botou um saco plástico em sua cabeça e ficou dando voltas com o carro dentro do condomínio em Jacarepaguá onde ele havia comprado um apartamento para os encontros com Debora duas vezes por semana.

Em outro episódio, Jairinho pediu para levar sozinho o filho da namorada a uma casa de festas, na Barra da Tijuca: "Deixa eu levar, porque a Ana não deixa eu levar o meu filho. Eu que cuido, eu que sou o pai, só quero levá-lo para se divertir". Pouco depois, ele ligou contando que o menino havia torcido o joelho. Atendido em uma clínica particular no bairro, foi diagnosticada uma fratura no fêmur e a criança, encaminhada ao Hospital Municipal Lourenço Jorge, próximo dali. Os médicos estranharam o garoto não ter chorado em momento algum, mesmo com uma lesão grave.

Os depoimentos da ex-assessora na 16ª DP também foram encaminhados ao delegado Adriano França, da Delegacia da

Criança e Adolescente Vítima, que abriu outro inquérito para apurar violências praticadas por Jairinho contra Debora e seu filho. As investigações mostraram que, quando o menino foi atendido no hospital com o fêmur quebrado, o casal alegou ter havido um "acidente automobilístico".

Um laudo elaborado por profissionais do setor de psicologia do Lourenço Jorge descreveu que o menino não queria andar no carro do namorado da mãe. O prontuário médico dizia que ele vomitou e, por isso, quis descer do veículo. "Paciente interage bem durante o atendimento. Chora um pouco ao dizer que quer ir para casa. Fala que não quer andar no carro em que se acidentou". Médicos do hospital afirmaram ainda que a criança apresentava hematomas nas bochechas e assaduras nos glúteos. O menino precisou ficar dois meses com a perna imobilizada, com gesso até a altura da barriga.

Babá da família de Debora naquela época, Valéria Batalha notou uma mudança drástica de comportamento do menino desde que a mãe começou a namorar Jairinho. Ela relatou, em entrevista ao jornal "O Globo", que soube de quatro agressões do vereador e presenciou o menino mancar e reclamar de dores, com hematomas nas pernas e nas costas.

A criança, que até então era feliz e brincalhona, passou a ficar grudada na avó e chorava quando ela saía de perto. Às vezes entrava em pânico, tinha pesadelos e acordava aos berros. Valéria contou que, ao dar banho no menino, observava manchas roxas, sobretudo perto da bacia. Disse também que, após o episódio de Angra dos Reis, quando recebeu a foto dele no Centro Pediátrico da Lagoa, com o rosto roxo e os olhos fechados, não teve dúvidas de que fora espancado pelo padrasto.

Durante as investigações, o menino e a irmã foram ouvidos por policiais especializados, que conseguiram ativar algumas memórias da época, como os sufocamentos com saco na cabeça, pisões na barriga e até a fratura no fêmur.

Em 30 de maio de 2021, o inquérito da DCAV concluiu pelo indiciamento de Jairinho por tortura contra a criança. O relatório final do caso indicou que "todos os elementos colhidos nos autos apontam para a ação direta" do parlamentar na lesão: "Resta demonstrado, de forma inequívoca, que a fratura não ocorreu de forma voluntária, sendo provocada pelo investigado, ao submeter o menor, sob sua guarda e cuidado, à situação de extremo estresse emocional e violência física, que o levou, inclusive, a vomitar".

Debora recebeu a notícia do indiciamento do ex-namorado com alívio. Mas por não cumprir o dever legal de cuidar do filho como mãe e apurar "as ocorrências de sua inteira ciência", ela também foi indiciada por tortura, mas na modalidade omissiva.

Responsável pela denúncia, o promotor Marcos Kac, da 1ª Promotoria de Investigação Penal Territorial da Zona Sul e Barra da Tijuca, escreveu que o vereador submeteu o menino, com emprego de violência, a "intenso e desnecessário sofrimento físico e mental, como forma de aplicar-lhe castigo pessoal ou medida de caráter preventivo". Ele solicitou a prisão preventiva de Jairinho pelo caso.

Como Jairinho alegara para os médicos do Hospital Lourenço Jorge que o menino havia sofrido um "acidente automobilístico", ele também foi denunciado pelo crime de falsidade ideológica. Para o promotor, Debora tinha confiança no namorado e o considerava "um pai para seu filho". Não podia, portanto, prever as agressões ao menino. Por isso, em relação ao inquérito da DCAV que a indiciou, foi requerido o arquivamento.

Titular da 35ª Vara Criminal, a juíza Daniella Alvarez Prado aceitou a denúncia oferecida contra Jairinho, que a esta altura já estava preso. Ela, porém, indeferiu o pedido de nova prisão preventiva porque os crimes teriam ocorrido entre novembro de 2014 e junho de 2016, não havendo assim "fatos novos ou contemporâneos, envolvendo diretamente a vítima e as testemunhas deste processo, que justifiquem a aplicação da medida".

13
A rotina na Câmara

Com a prisão do Coronel Jairo na Operação Furna da Onça, no fim de 2018, Jairinho ficou mais introspectivo. Passou a tomar remédios controlados, sobretudo para dormir. O vereador estava em seu quarto mandato consecutivo – fora eleito em 2016 com 26.047 votos –, mas, segundo colegas da Câmara Municipal do Rio, parecia sempre distraído e às vezes até desconectado da realidade. Em poucos meses, emagreceu muito.

No fim de 2019, Jairinho foi citado na delação premiada de Lélis Teixeira, ex-presidente da Federação das Empresas de Transportes de Passageiros do Estado do Rio de Janeiro (Fetranspor), sindicato patronal da categoria. Segundo Lélis, em um período de dez anos houve desvios de R$ 120 milhões para pagamento de propina a pelo menos 30 políticos. Entre eles estava Jairinho.

Lélis afirmou que "há pelo menos 20 anos, havia um entendimento com os presidentes da Câmara Municipal para pagamento de propina a determinados vereadores". O objetivo, segundo o delator, era o de comprar o apoio para decisões que favorecessem o setor de transporte. No caso de Jairinho, os valores teriam sido entregues pelo ex-presidente da Casa, Jorge Felippe, que havia recebido o dinheiro de intermediários. Lélis afirmou ter visto o nome do vereador na lista de beneficiários. Cada um embolsava mensalmente de R$ 6 mil a R$ 8 mil.

O fato é que, em 2017, a Câmara autorizou um aumento nas tarifas de ônibus intermunicipais em 14,83%, enquanto a inflação no período foi de 6,99%. As empresas de ônibus também conseguiram benefícios fiscais.

* * *

Mesmo com a pandemia do coronavírus, Jairinho fez uma campanha intensa nas ruas para as eleições de 2020, quando buscava seu quinto mandato. Em Bangu, sua presença era comemorada por crianças: distribuía sorvete, brincava com elas e as pegava no colo. Um de seus santinhos dizia: "O sucesso nasce do querer, da determinação e persistência em se chegar a um objetivo. Trabalho incansável por amor ao Rio".

Ele fez uma live com o então prefeito Marcelo Crivella. "É com muita honra que abro a palavra para o nosso líder do governo, Dr. Jairinho. Conte para nós como está Bangu", pediu Crivella. "Muito boa noite, prefeito e todos que estão conosco nos assistindo ao vivo pelas redes sociais. É um prazer estar aqui com o senhor. Dentro das nossas convicções, estamos antenados naquilo que é importante para a cidade do Rio de Janeiro. Passamos juntos momentos muito difíceis. Em março desse ano, pensávamos até que não teríamos eleições por conta da assustadora pandemia. Eu sou médico de formação e tive a oportunidade de ver o senhor à frente desse processo. As pessoas chegavam até a me perguntar se o senhor tinha diploma de medicina, porque estava dando aula e ensinando. Passamos por um momento difícil juntos e os momentos difíceis fazem com que nos unamos. O povo de Bangu, Realengo, Padre Miguel, Zona Oeste e da cidade do Rio de Janeiro me conhece, conhece meu trabalho, conhece o senhor".

De acordo com o TSE, naquele ano Jairinho arrecadou para a campanha R$ 276.850, sendo 72% desse total da direção estadual do partido. De pessoa física, a maior doação, de R$ 30 mil, foi de uma transferência bancária do fundador, acionista e CEO da Multiplan, José Isaac Peres. O empresário estava à frente de quase duas dezenas de shoppings de alto padrão do país, tinha investimentos no ramo imobiliário de luxo em Miami e figurou na lista de bilionários do planeta elaborada pela revista norte-americana "Forbes".

Ao TSE, Jairinho declarou possuir R$ 313.705,42 em bens: R$ 182.506,33 de um apartamento na Rua Victor Civita, na Barra; R$ 47.285,42 do consórcio de uma motocicleta; R$ 45 mil de um Hyundai Azera; R$ 28.913,67 em ações e saldos em contas bancárias; e R$ 10 mil em espécie.

Jairinho recebeu 16.061 votos, seu pior desempenho nas cinco eleições, mas o suficiente para emplacar seu quinto mandato. Ao tomar posse, em 1º de janeiro de 2021, levou Monique à cerimônia na Câmara dos Vereadores. O casal tirou fotos no plenário e na escadaria do Palácio Pedro Ernesto. Ela usava um vestido preto, justo, com detalhes em renda; ele optou por um terno bem cortado azul, com gravata importada slim, da mesma cor – os visuais monocromáticos eram uma marca registrada de seu figurino.

Jairinho foi escolhido presidente da Comissão Permanente de Justiça e Redação, uma das mais importantes da Câmara, responsável por acatar ou rejeitar denúncias contra os parlamentares. Durante reuniões, costumava beber chá, comer barrinhas de cereal e castanhas. No almoço, frequentava o Metrô, restaurante português especializado em peixes na Rua Alcindo Guanabara, e a Casa Villarino, tradicional bar e delicatessen na Avenida Calógeras, ponto de encontro de Tom Jobim e Vinicius de Moraes nos anos 1950.

Em seu gabinete, na sala 406, com móveis confortáveis comprados por ele, costumava servir café Nespresso em xícaras mantidas milimetricamente organizadas. Na mesa de trabalho, fotos dos três filhos. Passava por lá às terças, quartas e quintas-feiras, dias de sessões na Câmara Municipal – às segundas e sextas-feiras, seus compromissos eram voltados para reuniões e agendas externas.

Quando chegava ao trabalho, cumprimentava funcionários e parlamentares com beijos e abraços. Costumava perguntar pelas famílias e tratava as mulheres de "querida" e "meu amor". A cada demanda, pedia "por favor", e depois agradecia com um "muito obrigado". Nunca levantava a voz. Ao se atrasar, colocava a culpa no hábito diário de secar e escovar os cabelos. Também não se furtava a comentar sobre seus investimentos contra a calvície, preocupação constante. A barba estava sempre cuidadosamente aparada.

Em 4 de fevereiro de 2021, no início do quinto mandato, Monique sugeriu a Jairinho uma moção indicativa para incluir o jogo de xadrez nas escolas. "Deu muito certo quando foi iniciado na escola, por ser uma atividade com regras bem definidas. Também favorece o exercício da ética", escreveu a professora ao companheiro, pelo WhatsApp. Ele respondeu: "Posso *(fazer a moção)*, claro. Se você acha, posso fazer". "Acho não, tenho certeza. Presenciei e vi na prática", disse. O projeto não teve continuidade.

Quinze dias depois, em uma apresentação online do relatório final da Comissão de Representação sobre aulas da rede municipal de ensino, suspensas por conta da pandemia, Jairinho defendeu o retorno das atividades escolares. "Tem uma frase da Unicef que diz que as escolas devem ser as últimas a fechar e as primeiras a abrir. Isso ainda deve ser aumentado em se tratando de escolas públicas, porque essas crianças estão sem aula, sem distanciamento social e, quem conhece a realidade das comunidades do Rio de Janeiro, sabe que elas estão dentro de casa, com seus pais passando por uma crise econômica grave, com muitos deles desempregados, com questões psicológicas. As brigas estão acontecendo dentro de casa, o pau está cantando com o pai e a mãe, e a criança vendo. Então, o prejuízo sócio-pedagógico é algo que não tem tamanho. (...) Além disso, a gente sabe que violência contra mulher e violência contra a criança são muitas vezes resolvidas dentro do ambiente escolar", opinou o vereador.

Até março de 2021, a página de Jairinho no site da Câmara sintetizava assim seu trabalho: "O foco de seu mandato está na restituição da dignidade ao cidadão pelo atendimento do poder público no quesito saúde, sem deixar de pensar na educação dos jovens. De espírito empreendedor, apoia as iniciativas que buscam a melhoria da qualidade de vida da população". Nesse período, Jairinho também mantinha um perfil no Instagram com pouco mais de 12 mil seguidores, e uma página no Facebook, com a maior parte das postagens sobre trabalho. Na descrição, escreveu: "Médico, carioca, vereador-RJ".

No dia 11 do mesmo mês, três dias após a morte de Henry – quando a história ainda não tinha sido noticiada pela imprensa –, Jairinho foi eleito membro do Conselho de Ética e Decoro Parlamentar da Câmara de Vereadores do Rio. Na tarde seguinte, ele se encontraria com o presidente da casa, o vereador Carlo Caiado. Naquela semana, os dois se falaram dezenas de vezes por chamadas de WhatsApp – entre os dias 16 e 24, Caiado chegou a ligar para Jairinho quatro vezes e não foi atendido.

"O papo aqui é muito sério. Me liga, amor. Minha linda! É trabalho! Parei no Baladinha porque o amigo mora no prédio ao lado! Nem consumi nada! Qualquer coisa pode me chamar a hora q for! Vou encontrar com Caiado para assinar minhas pendências do trabalho. Te falei! Precisamos escolher! Acalmar nosso coração!", escreveu Jairinho a Monique, no dia 12 de março, referindo-se ao restaurante Balada Mix, na Praia da Barra.

Alguns dias depois, Jairinho enviou mensagens aos colegas parlamentares, também por WhatsApp, lamentando a morte de Henry. O texto foi escrito no bloco de notas do seu telefone e depois disparado individualmente e para alguns grupos.

Meus amigos, muitos aqui me conhecem há mais de 15 anos e sabem da minha idoneidade e caráter, que, como vereador, médico e pai sempre fui transparente, com lisura e retidão nos meus atos, em todas as esferas da minha vida. Por isso, venho aqui compartilhar com você um momento de profunda tristeza, angústia e dor pela perda do meu enteado Henry. Não está sendo fácil para mim, pois uma fatalidade como essa é devastadora antes mesmo que as investigações se concluam, devido ao posicionamento da mídia, por eu ser uma pessoa pública politicamente exposta! Prestei meu depoimento ontem, como testemunha, e aguardo colaborando com a Justiça para que tudo seja esclarecido. Agradeço ao apoio que tenho recebido dos amigos.

Mesmo após a morte de Henry e no decorrer das investigações, Jairinho continuou recebendo pedidos políticos. À 0h52 do dia 13 de março, chegou ao seu celular uma mensagem de um homem identificado como Cláudio: "Boa noite, irmão. Só para eu não esquecer de te mandar essa mensagem. Vamos lá. Tenho um prestador de serviços que foi encaminhado para a clínica da família e está no Sisreg *(Sistema de Regulação)* há dois anos e dois meses aguardando ser chamado. Se tiver algum caminho para que ele possa conseguir atendimento através do Sisreg, eu te agradeço mesmo". Quase dez horas depois, Jairinho respondeu: "Deixa comigo, irmão. Vou tentar! TMJ".

Às 12h do dia seguinte, um contato salvo como Rodrigo enviou uma mensagem para o seu celular: "Bom dia, irmão. Preciso que você me ajude a pagar o agiota, até porque peguei o dinheiro para ajudar você na eleição e agora estou enrolado sem ter como pagar. Se você achar que não faço mais parte do seu grupo, beleza! Mas preciso que me ajude a pagar isso. Só isso que quero, mais nada". Em três minutos, Jairinho respondeu: "Deixa comigo".

14
Polícia fecha o cerco

Três horas após o perito criminal Fernando Rafael, do Instituto de Criminalística Carlos Éboli, deixar o apartamento 203 do bloco 1 do Majestic, onde fez o chamado exame de local, o perito legista Leonardo Huber Tauil, do Instituto Médico Legal, concluiu o laudo da necrópsia no corpo de Henry. O documento, de três páginas, apontou como causa da morte hemorragia interna e laceração no fígado provocada por ação contundente. Ambos os procedimentos faziam parte do inquérito que apurava a morte do menino.

Em um exame que demorou 44 minutos, o médico, desde 2002 na Polícia Civil do Rio, detectou várias lesões no cadáver da criança: múltiplos hematomas na barriga e nos braços; infiltração hemorrágica no cérebro, na região parietal direita e occipital (ou seja, na parte da frente, lateral e posterior da cabeça); edemas no cérebro; grande quantidade de sangue no abdome; contusão no rim direito; trauma com contusão pulmonar; laceração no fígado; e hemorragia na parte de trás da cavidade abdominal.

Em 14 anos trabalhando no IML, Leonardo Tauil atuara em 5.600 exames de necrópsia, a grande maioria de idosos mortos por causas naturais, em casa, ou adultos por tiros, em comunidades carentes do Rio. Naquele dia 8 de março de 2021, chegara ao Centro antes de 7h e se debruçara na análise de sete corpos que se acumulavam desde as 19h da noite anterior. Foi almoçar e, quando retornava a sua sala, o informaram da chegada do rabecão com o corpo de uma criança. A primeira informação era de que teria se engasgado.

Pai de quatro filhos, o legista não estranhou, a princípio, os hematomas encontrados em Henry, comuns no dia a dia de crianças. Também descartou sinais crônicos de maus-tratos – fraturas antigas, desnutrição, cicatrizes. No entanto, ao abrir o corpo, ficou assustado com a violência. Seria o terceiro caso em sua carreira de suspeita de homicídio contra um menor de idade. Ao lado de um técnico de necrópsia, anotou e fotografou os detalhes do cadáver.

Com mais de 40 anos de experiência em medicina legal, com ênfase em perícias e ciências criminais, o professor da Uerj Nelson Massini, ao analisar o documento para o jornal "O Globo", não teve dúvida de que Henry foi vítima de morte violenta. Formado em medicina pela Pontifícia Universidade Católica de Campinas, em odontologia pela Universidade Estadual de Campinas e em ciências jurídicas pela Universidade Metodista de Piracicaba, com mestrado e doutorado em odontologia-farmacologia, ele atuou em casos de grande repercussão, entre eles o homicídio em 1976, na ditadura militar, da estilista Zuleika de Souza Netto, a Zuzu Angel; a chacina de Vigário Geral, com 21 mortos, em 1993; o massacre de Eldorado dos Carajás, em que 21 trabalhadores rurais foram assassinados, em 1996; a morte de Paulo César Farias, o PC Farias, tesoureiro da campanha de Fernando Collor de Mello, também em 1996; e a do líder seringueiro e ativista ambiental Chico Mendes, em 1998.

Nos exames de necrópsia, o corpo é descrito nos mínimos detalhes. São tomadas medidas de altura, peso e idade estimada. Em seguida, é realizado o exame externo, em que são apresentadas as lesões encontradas, com tipo, localização e medidas. A partir daí é feito o exame interno, com abertura das três cavidades: cabeça, tórax e abdome. Para Massini, a partir da necrópsia de Henry, era possível garantir que as lesões não correspondiam à versão do registro na delegacia; demandava uma investigação aprofundada.

Leonardo Tauil, em seu laudo, afirmava desconhecer a dinâmica do que ocorrera e, por isso, não haveria elementos para responder se a morte fora produzida por meio de veneno, fogo, explosivo, asfixia ou tortura, ou por outro meio insidioso ou cruel. Ele ainda descrevia que fora colhido sangue para detectar se o menino havia ingerido álcool ou tóxico.

Ao receber o resultado, às 18h24 do próprio dia 8 de março, o delegado adjunto da 16ª DP, Rodrigo Freitas de Oliveira, pediu diligências no Hospital Barra D'Or e no Condomínio Majestic para recolher imagens de câmeras de segurança que tivessem flagrado o socorro a Henry e a chegada dele na emergência. Também intimou Monique e Jairinho para que prestassem depoimento. O despacho foi assinado pelo delegado adjunto às 19h31.

Na manhã seguinte, ao assumir o plantão, a inspetora Priscila Lopes Subtil, por determinação do delegado Henrique Damasceno, enviou ofícios ao diretor do Barra D'Or, solicitando as gravações entre 2h e 7h do dia 8, e ao síndico do Majestic, requisitando os vídeos entre 15h do dia 7 e 3h da madrugada. As imagens deveriam ser entregues em um pen drive ou CD na delegacia. "Cumpre ressaltar que o não atendimento da presente requisição poderá caracterizar o crime de desobediência, previsto no artigo 330 do Código Penal", alertavam os documentos levados por agentes da 16ª DP.

Um terceiro ofício foi mandado ao Quintal do Nicolau, parque de diversões no Américas Shopping, no Recreio. Isso porque, segundo depoimento de Leniel, ele esteve no local à tarde com o filho, antes de entregá-lo a Monique no início da noite de domingo, dia 7. Foram requisitadas as imagens do circuito interno do estabelecimento, entre 15h e 19h, e ainda a relação com os nomes dos clientes que estiveram no parque neste período.

Naquela mesma tarde, na chamada consulta médico-legal feita por Damasceno no IML, o perito Leonardo Tauil respondeu a sete perguntas elaboradas pelo delegado:

1) Há sinais de asfixia, engasgamento ou lesões na boca ou vias aéreas?
Existe uma pequena ferida no lábio, que pode ter sido causada durante uma possível tentativa de intubação no hospital. Não identifiquei sinais de esganadura no pescoço e não identifiquei sinais de engasgamento nas vias aéreas superiores.

2) Na hipótese de haver lesões em boca ou vias aéreas, descreva-as.
Em lábio inferior, três feridas escurecidas, com descamação da mucosa, de aproximadamente 3mm cada, separadas por 5mm entre elas.

3) Há como precisar, minimamente, o tempo das equimoses observadas? Se sim, qual o tempo constatado? É compatível com o tempo do evento alegado em histórico hospitalar?
Entre 12 e 48 horas antes do exame. Difícil precisar, mas podem ter ocorrido sim.

4) Quanto às lesões observadas, há como se estabelecer um tempo médio entre quando foram infligidas e o momento em que causou o óbito (tempo transcorrido entre evento e resultado morte)?
As lesões observadas eram algumas mais avermelhadas e outras mais arroxeadas, o que nos impede de afirmar se as lesões foram provocadas no hospital ou pré-hospitalar.

5) As lesões constatadas são compatíveis com eventual manobra de reanimação ou socorro da vítima?
Algumas podem ter sido causadas na tentativa de socorro, equimoses em crianças são muito comuns.

6) Há sinais de maus-tratos, crônicos ou não?
Não.

7) Há outras considerações relevantes que o perito ache necessário citar?
Houve morte por ação contundente, pelo trauma hepático, mas através da perícia necroscópica não foi possível determinar a dinâmica do evento.

Ao longo de todo o dia, Monique recebeu mensagens de solidariedade de familiares pela morte de Henry. Em um grupo de WhatsApp com primas, uma delas escreveu: "Oi prima. Estamos em oração... Nada do que eu disser vai diminuir sua dor, mas quero lhe dizer que eu te amo muito, que seu filho é um anjo lindo que foi convocado a voltar à glória do pai e que te ama muito e não quer que você chore". "Nesse momento peça ao Nosso Senhor Jesus Cristo que abrande sua dor, acalme seu coração... só ele é a verdade, a luz e o caminho", dizia outro texto. A professora respondeu com emojis de coração.

A prima Renata Medeiros, pediatra que acompanhava Henry, perguntou se havia ficado pronto um novo laudo, já que segundo ela o menino era muito bem cuidado. "Prima, Jairinho disse que saiu um bem detalhado que foi direto pra delegacia. Não sabemos o que está escrito. Eu não consigo imaginar o que pode ter acontecido. Estou até agora sem entender por que isso foi acontecer com meu menino. Estou sem direção da vida. Sem propósito. Sem objetivo. Sem sonhos. Nunca mais vou sorrir na minha vida. Nunca pensei que algo pudesse doer assim. Nunca imaginei nem por um segundo minha vida sem o Henry", escreveu Monique. Renata confortou a prima: "Mais para frente você pensa em outro filho, não para substituir, pois ninguém vai substituir, mas para te dar um objetivo. 100% nunca mais será, mas se puder ser 70% vale a pena".

Na tarde do dia 9 de março, Leniel estava no Instituto Médico Legal para liberar o corpo de Henry, quando Monique mandou uma mensagem por WhatsApp:

Monique – *Leniel, quando vamos poder enterrar nosso filho? Não estou aguentando de tanta dor.*
Leniel – *Nem eu. Estou aguardando o IML. Estou aqui. Estava sem água aqui.*
Monique – *Mas por que está demorando tanto? Já passou mais de 24 horas.*
Leniel – *Tentando agilizar aqui.*

A professora escreveu ainda para Cristiane Izidoro, assessora de Jairinho, que também estava no IML: "Hoje é um dia que não queria ver a luz do dia". Cristiane respondeu que estavam tentando agilizar a liberação do corpo, mas que isso só aconteceria no dia seguinte.

Naquela mesma terça-feira 9 de março foram expedidos os mandados de intimação para que Monique e Jairinho prestassem depoimento na 16ª DP. Marcado inicialmente para o dia 12, foi transferido para 17 de março, às 14h. Nesse intervalo, os advogados Christiano Falk Fragoso e Rakel de Oliveira Duque, que representavam a Rede D'Or São Luiz, informaram que as câmeras do Barra D'Or estavam em manutenção entre os dias 7 e 9 e não haviam registrado a chegada de Henry, tampouco o seu atendimento. Os policiais também retornaram ao Majestic e pediram ao síndico a lista de funcionários que trabalharam no apartamento 203 do bloco 1 neste mesmo período, assim como os horários em que entraram e saíram do condomínio.

Ainda naquele dia, Jairinho e Monique debateram, por WhatsApp, sobre o sepultamento de Henry. Ela reclamava sobre a interferência do pai do menino na cerimônia de velório e enterro, que foi organizada por Cristiane Izidoro e paga pelo parlamentar. Leniel havia ido ao 12º Cartório de Registro Civil de Pessoas Naturais da Comarca da Capital, na Barra da Tijuca, e retirado a guia de sepultamento número C-7857. Monique escreveu para Jairinho: "Leniel estava mandando a Cris colocar o velório às 8 da manhã pra sepultar às 14h. Primeiro que ele não manda em nada. E a Cris é muito pacífica. Mandou fazer blusa pra família inteira". O companheiro disse que ia falar com a assessora, que retornou para Monique 21 minutos depois, numa mensagem de texto pelo WhatsApp:

Cristiane – *Amiga. Velório amanhã a partir das 8h. Sepultamento às 14h.*
Monique – *Por que de 8 às 14? Aí não dá. 6 horas? Eu não vou ficar com o corpo do meu filho exposto por tanto tempo.*
Cristiane – *Concordo. E compreendo.*
Monique – *Marquei o velório na Capela Mortuária de Moça Bonita, porque é mais restrito e, se tiver repórter, não entra. Na capela do cemitério poderia entrar qualquer pessoa, inclusive jornalista. E a última coisa que quero é confusão no enterro do meu filho. Então marquei no Moça Bonita. Entendeu? Que é fechado e só terá o Henry amanhã.*

Na manhã seguinte, cerca de três horas antes de a professora chegar no Cemitério do Murundu, em Realengo, na Zona Oeste do Rio, sua mãe lhe pediu, por WhatsApp: "Filha. Dizia para o Henry que ninguém o amava mais que vc. E eu lhe digo, ninguém a ama mais que eu. Quero estar c vc. Não me deixe estar longe de vc. Eu lhe peço. Vamos juntas despedir do Henry". Logo depois, Monique postou informações da cerimônia em um story do Instagram.

15
Enterro de Henry

Às 15h do dia 10 de março o corpo de Henry foi enterrado em um caixão branco no Cemitério do Murundu, em Realengo, sem imprensa, que ainda não sabia do caso. Estavam presentes cerca de 150 amigos e familiares de Monique e Leniel, que enviaram cinco coroas de flores. A professora foi a última a chegar, ao lado de Jairinho. Vestia roupa preta, bota de salto alto e óculos escuros. O engenheiro usava calça jeans, tênis e uma camisa de malha com a foto do menino estampada. Os coveiros ouviram dele uma promessa quando o caixão foi colocado no túmulo: "Filho, isso não vai ficar assim".

Ao retornar para casa, Monique entrou em contato por WhatsApp, às 19h24, com um curso de idiomas perto do condomínio Majestic. Interessada numa oferta de desconto, perguntou se as aulas de inglês eram presenciais. No fim do dia, escreveu para Jairinho, também pelo WhatsApp: "Amor, acho que nunca mais vou conseguir sorrir na minha vida. Não sei se serei boa o bastante pra estar ao lado de alguém... não vou conseguir fazer você feliz". Ele respondeu: "Você é a mulher mais linda desse mundo!".

Na manhã do dia seguinte, 11 de março, Monique também demonstrou interesse em aulas de culinária. Pelo Instagram, enviou a uma professora de gastronomia a seguinte mensagem: "Lorena, boa tarde. Sou Monique Medeiros, tenho interesse em fazer aula prática com você. Como faço para entrar na lista de espera? Um grande beijo em seu coração". A professora mandou as informações.

Irmã de Jairinho, Thalita também trocou mensagens com Monique naquele dia, com palavras de apoio:

Thalita – *Cunhada, queria dizer algo q pudesse amenizar sua dor, como não posso, quero q saiba q estou aqui para o q der e vier!!! Te amo.*
Monique – *Obrigada. Meu sentimento no peito é só de morrer. Preciso de Deus. Não tenho força pra passar por esse deserto.*
Thalita – *Eu sei!!! Imagino... mas tenha força! Se apegue com Deus... tem força sim... vamos passar juntos por isso.*

Dois minutos depois, Thalita enviou uma foto para Monique, sobre uma bolsa da grife de luxo italiana Gucci, com loja no Shopping Village Mall:

Monique – *Cunhada, não preciso de presente. Nem sei quanto custou enterrar meu filho. Jairinho pagou tudo. Não deixou nem eu saber. Ele é um homem bom. Não sei se consigo fazer ele feliz. Pois não estou feliz.*
Thalita – *Cunhada... vc é uma mulher extraordinária, uma mãe dedicada, fica tranquila! Vc será feliz. Deus tem promessas pra sua vida!*

* * *

Fui a primeira repórter a publicar uma reportagem sobre o caso, na manhã do dia 17 de março, nos sites dos jornais "O Globo" e "Extra". A partir dali, a história veio à tona na imprensa. Há alguns dias eu já tinha informações sobre a morte suspeita de Henry. Tudo indicava que não se tratava de acidente doméstico. Na tarde de 12 de março, dois dias após o enterro, questionei Jairinho sobre o assunto. Ele me enviou por WhatsApp a seguinte mensagem: "Tô à disposição. Infelizmente é verdade. Faleceu sim. Problema nenhum em comentar. Muito triste tudo isso. Estamos sem chão. Além do Henry, meu enteado, tenho 3 filhos. Suportando tudo isso graças ao apoio das nossas famílias e amigos. Ontem um amigo médico me disse que é normal ter que fazer a ocorrência na DP. E que provavelmente seremos ouvidos. Henry, um menino incrível, doce. Tá fazendo uma falta enorme". No fim, Jairinho escreveu: "Qq coisa liga para minha secretária", e compartilhou o contato de Cristiane.

Horas depois, a assessora me enviou uma mensagem em nome dele: "As autoridades estão apurando os fatos, como você disse, e vamos ajudar a entender o que aconteceu. Toda informação será relevante. Por isso, acho prudente primeiro dizer na delegacia a dinâmica dos fatos, até mesmo para não atrapalhar os trabalhos desenvolvidos".

Nesse mesmo dia 12, também por mensagem, Monique pediu à empregada Leila Rosângela que organizasse o apartamento: "Rosa, você pode ir lá amanhã? Jogar toda a comida que estiver pra estragar na geladeira fora, frutas, colocar no congelador o que der pra congelar (pães, frios...) nossa casinha está limpa? Se puder, dá uma faxina e molha as plantinhas. Jairinho pagou você?". A funcionária perguntou como ela estava e se iria almoçar. "Passando muito mal, Rosa. Ainda não consegui levantar. Não estou comendo, amiga. Estou indo no hospital. Na volta passarei aí", respondeu.

Horas depois, Monique foi ao salão Walter's Coiffeur do Shopping Metropolitano, a cinco minutos de carro do Majestic, e fez mão, pé e escova com três profissionais. Pagou R$ 200. Depois que saiu do salão, às 14h, a atendente enviou para seu celular uma mensagem se desculpando por ter cobrado um valor inferior, e discriminou os atendimentos prestados, que somavam R$ 240: pé, R$ 39; mão, R$ 35; conserto (de unha de acrigel), R$ 27; e tratamento, R$ 139. A moça sugeriu a Monique transferir por Pix os R$ 40 que faltavam, mas ela respondeu: "Vou passar aí!".

Na noite seguinte, Monique trocou mensagens com o pai, Fernando José Fernandes da Costa e Silva. Ela estava no flat nos fundos da casa, onde morou com Leniel durante um período.

Monique – *Vou ficar aqui, pai. Ontem tive uma noite de sono muito ruim. Foi desesperador. Hoje vou tomar um remédio para dormir. Não estou conseguindo dormir à noite. Acordo várias vezes. Ontem me deu um ataque de pânico horrível. Achei até que Leniel estivesse entrando aí. Ouvi o barulho do portãozinho abrindo várias vezes, ele tem a chave. Inclusive amanhã irei trocar o miolo e fazer chaves novas para todos.*
Fernando – *Reza, minha filha.*
Monique – *Estou rezando, pai. Estou clamando a Deus. Devo merecer o que está acontecendo. São escolhas minhas. Agora estou colhendo. Me sinto muito culpada. Todos nós erramos. Eu deveria ter colocado ele na cama dele, que era mais baixa. Deveria ter dormido no quartinho dele.*
Fernando – *Nada acontece se Deus não permitir.*
Monique – *Mas não me conformo. Só não tiro a minha vida porque quero reencontrar ele. Porque a minha vontade é só morrer. Tenho rezado para Deus tirar esses pensamentos de mim. Está tão difícil. Mas estou aqui tentando. Que Deus tenha misericórdia dos meus atos e pensamentos. Sinto tanta falta dele que meu coração parece que está sangrando.*
Fernando – *Todos nós.*
Monique – *Mas aceito os desígnios de Deus. Amanhã vou cedo para casa. Vim só com a roupa do corpo. Ele acalmou meu coração. Amanhã é o começo da guerra. Guerra espiritual. Mas Deus mostrará a verdade. Eu creio. E eu creio na verdade dos justos, não na maldade dos homens.*

A professora também trocou mensagens com Jairinho, declarando-se: "Amo você!". E o vereador respondeu: "Amo muito mais. Amor. Acabei de terminar os compromissos aqui. Amo você demais! Não consigo ficar longe de você! Você é a minha vida!".

16
Ensaio para os depoimentos

Na semana seguinte à morte de Henry, Monique e Jairinho tiveram reuniões diárias com o advogado André França Barreto, no escritório dele, no Centro do Rio, e na casa onde morava com a mulher e os quatro filhos, no Alto Leblon. O criminalista já havia defendido o pai do vereador no processo da Operação Furna da Onça e tinha o aval de Cristiane Izidoro, assessora de Jairinho. "Se eu, meu pai ou minhas filhas passássemos por uma situação e precisássemos de um criminalista! Juro por Deus e pelo Espírito Santo. Seria o André. Sou fã do trabalho sério dele! Eu sou testemunha! Está em melhores mãos. Meu amigo. Meu irmão. Meu professor. Confio de olhos fechados a minha vida! Abaixo de Deus", escreveu a assessora a Monique, na manhã de 15 de março.

A primeira vez que Monique falou com Cristiane foi cinco meses antes, em 19 de outubro de 2020, por WhatsApp: "Cris, boa tarde, sou Monique Medeiros. Jairinho me encaminhou seu contato para quando precisasse de algo. Gostaria de solicitar a pavimentação da Rua Boiobi (entre a Praça Primeiro de Maio até a Rua Rio da Prata) e uma tampa de esgoto de ferro (que foi roubada três vezes) para a mesma rua citada (entre os números 838 e 842). Se possível, poderia colocar em sua lista de prioridades? Desculpe a intromissão, mas como vocês têm canal direto com a subprefeitura, esse pedido fica mais fácil e rápido de ser resolvido, se você puder acionar o órgão competente. Desde já, lhe agradeço. Beijos". Ela então respondeu: "Oi, Monique. Vou solicitar. Assim que o órgão programar, te aviso. Estou à disposição. Bjs".

As duas só foram tratar de assuntos pessoais em fevereiro, quando Monique acionou Cristiane, também pelo aplicativo de conversa: "Cris, boa tarde! Os diplomas que o Jairinho tem na parede da Câmara eu consigo xerocar colorido para fazer quadros para pendurar na nossa casa? Queria colocar as certificações dele na parede lá de casa também. Como posso fazer isso? Tem duplicata?".

Após a morte de Henry, a proximidade entre elas aumentou. No dia seguinte ao sepultamento, Monique enviou um texto de agradecimento a Cristiane:

Bom dia, amiga! Nunca existirá palavras para agradecer tudo que você fez nesse momento tão difícil na minha vida. Você é um exército inteiro dentro de si mesma. Deus foi muito benevolente em enviar uma pessoa como você para estar ao nosso lado. Nunca conheci alguém assim. Com tamanha força, com tamanha garra, com tamanha fé, com tamanha resiliência, com tamanha bondade, com tamanha empatia... Infelizmente a angústia no meu peito rasga meu coração. Tenho pensamentos de morte. Pensamentos de desistência... não tenho força.

Mas sei que se eu me entregar, nunca mais verei meu filho de novo. Eu só queria um abraço dele, um beijo, um carinho. Como ele fazia todas as manhãs. Nunca mais terei um carinho tão sincero quanto eu tive do meu filho. Nem um abraço tão amoroso... E estou me sentindo culpada por não ter escutado direito suas angústias. Por não ter percebido sinais. Talvez eu tivesse que esperar mais para morar com alguém. Minha vida agora é um talvez. O que eu poderia ter feito de diferente, pra mudar o rumo dessa história.

A assessora a consolou: "Amiga. Não se culpe! Não existe amor maior no mundo do que o seu! Nem dor maior do que a sua!

Sei bem da grande mãe que você era! Sua dedicação e amor foram incontestáveis. Essa é a maior dor. Não desista de viver! Por ele! Ele não quer te ver assim". As duas então começaram a falar sobre cultos e Cristiane indicou a Igreja Universal do Reino de Deus, em Del Castilho: "Sua alma precisa de Deus. De oração. De palavras. De conforto. Tenho certeza que Deus vai acalmar seu coração!".

Cristiane aproveitou a conversa para incentivar Monique a buscar atividades que a distraíssem, como um curso ou mesmo uma nova faculdade. A professora concordou: "Tá bom. Me ajuda a pensar depois. Quero você pra sempre na minha vida".

Após o enterro de Henry, o marido de Cristiane, o motorista Winston Soares de Melo, ficou à disposição de Monique: "Passando aqui só para te falar que, se você quiser, Winston te leva no Barra D'Or! Para pegar o BAM *(boletim de atendimento médico)*! Para não ir sozinha, tá? Fica tranquila que não sou ciumenta! Kkkkk! E olha que você é a morena mais linda que já vi!".

As duas passaram a trocar mensagens com frequência. Na madrugada de 12 de março, Cristiane escreveu: "Aprendi a amar você desde o primeiro dia que te vi! Você parece comigo! Forte, tem fé, tem atitude, e é um doce! Conte comigo sempre! Desde o primeiro dia que nos falamos, senti que você era do bem! Foi amizade à primeira vista. Lá na frente, vamos ao shopping, à praia!". Monique respondeu: "Engraçado que eu também. Só não sou forte igual a você! Mas estou aprendendo. Hoje estava lendo um livro e grifei pensando em você. Mulher leal. É você. Obrigada por tudo".

* * *

Na terça-feira 16 de março, véspera da data marcada para o depoimento de Jairinho e Monique, o casal passou o dia no escritório do advogado André França Barreto, na Avenida Franklin Roosevelt, no Centro do Rio. Cristiane também estava lá. Foram conversar sobre o que seria dito na delegacia. Numa mesa de mármore do escritório, Monique escreveu um texto de próprio punho, com sete páginas, divididas em oito itens, sobre a relação com Leniel, com Jairinho e com Henry. Relatava também o que teria acontecido na madrugada da segunda-feira da semana anterior, no apartamento no Majestic – narrar fatos, num texto escrito, é uma técnica comum para organizar informações e estruturar narrativas.

1) Era uma relação de amor, amizade e construção da unidade familiar. Não reclamava do padrasto, brincava de boneco, Lego, assistíamos filmes. Ele gostava de morar em Bangu, na casa dos meus pais, e gostava do colégio antigo, Simonin. Ele frequentou por pouco tempo a escola nova, até porque era sistema de rodízio e híbrido. Ele gostava de estudar e ir à escola, mas sempre preferia ficar comigo em casa.

2) Henry presenciou muitas discussões quando morávamos juntos, então quando eu finalmente tomei a decisão de sair de casa, já que ele disse que não sairia, fui morar com meus pais. Henry rejeitava por muitas vezes a presença do pai, dando preferência ao meu irmão e ao meu pai. Leniel tinha muito ciúmes dessa predileção.

Procurei uma psicóloga onde eu e Henry fazíamos acompanhamentos semanais para ajudar na adaptação da nova casa, da nova escola, do novo ambiente e dos novos amigos. Ele não sofreu com a separação, sofreu quando presenciou brigas enquanto estávamos casados. Ele, no começo, assim que foi morar na casa nova, fazia ligações de vídeos para todos da família para mostrar os cômodos, as plantinhas que ele regava todos os dias, o quarto novo, sempre empolgado.

Mas quando passou os finais de semana com o pai (muitos deles dormindo na casa dos meus pais, pois não queria ir com o Leniel), ele voltava triste e com medo. Ele começou a chegar em casa dizendo que o único pai do Henry era ele (Leniel) e não o "tio Jairinho". Em outra ocasião, veio me perguntar de quem era minha bunda, que "só poderia ser dele e do papai, não do tio".

Em outra ocasião, Leniel chegou junto com Henry dizendo que não queria que Jairinho desse abraço apertado nele, mesmo desconhecendo qualquer um que pudesse ter machucado. Depois, começou a alugar o apartamento do Recreio (onde morávamos) e ficou em um vazio localizado na Muzema, em uma área de risco e difícil acesso. Em outra ocasião, disse ao meu filho que eu tinha roubado o carro dele (carro que estava em meu nome e financiado pelo meu próprio contracheque), onde minha mãe presenciou o Henry perguntando: "Vovó, por que a mamãe roubou o carro do papai?", e foi aí que percebi que meu filho passou a ser objeto de vingança contra mim e meu atual companheiro.

3) Henry era tímido, mas amava estar em família. Era carinhoso, dócil, amável, educado e sensível. Queria continuar morando em Bangu pelo forte vínculo afetivo que tinha com os avós desde que nasceu. Estávamos no processo de construção de laços de amizade, mas tínhamos alguns poucos.

4) Minha mãe dormiu na nossa casa de quinta até sábado para poder me ajudar a entregar o Henry, pois ele nunca queria ir para o Recreio, nem voltar para casa, ele sempre queria ir para Bangu. Chorou para ir e chorou para voltar, era mais fácil quando minha mãe estava presente. Leniel poderia visitar quando quisesse, porém, o mesmo costumava vê-lo aos sábados e domingos e não em todos.

5) Leniel foi levar Henry de volta à minha casa no domingo à noite, por volta de 19h20, acompanhado de um policial civil. Henry tinha vomitado e estava chorando muito. Eu o peguei no colo, fomos até a padaria, compramos um lanche e sentamos na parte externa embaixo de um ombrelone, pois chuviscava. Começamos a agradecer por tudo que tínhamos, até ele se acalmar e subirmos no apartamento.

Perguntei se queria jantar, tomar um suco, um "mamá" e ele disse que não. Dei um banho nele, coloquei um pijama de manga comprida e calça comprida e ele me pediu pra dormir no nosso quarto, onde estávamos acostumados a dormir mesmo. Tiramos foto, enviamos um áudio para um primo da mesma idade que vive na Bahia, oramos e ele adormeceu ao meu lado. Estávamos vendo uma série chamada "Narcos", no Netflix. Saímos da sala, pois a mesma é muito ampla e a televisão acabava ficando em uma altura bem superior à de um quarto pequeno com a porta encostada.

6) Sempre dormíamos no nosso quarto, tanto que eu não estava completamente deitada, mas adormeci por pouco tempo. Quando despertei, talvez pelo barulho da televisão, acordei o Jairinho para que fôssemos dormir em nosso quarto. Quando fui até o quarto, que abri a porta, encontrei meu filho no chão com suas mãos e pés gelados. Todas as vezes que me perguntam sobre aquela noite, me machuca muito, pois todos os dias eu tenho que reviver a mesma tragédia, tendo que explicar ao mundo uma fatalidade que não foi causada por nós.

7) Saímos rapidamente e, enquanto Jairinho dirigia o carro, fui fazendo respiração boca a boca. Saímos rapidamente a caminho do hospital. Quando chegamos, o levei direto para a emergência, onde foi prontamente atendido por muitos profissionais. O que me recordo foram aproximadamente 1h50, as piores horas da minha vida. Algum profissional veio nos dar a notícia do lado de fora, lembro-me que estava sentada com a minha mãe no meio-fio da calçada.

8) Estamos destruídos, machucados, feridos, despedaçados, contando com o apoio de nossas famílias e amigos que acreditam em nós e em nossa índole, nos fortalecendo na fé, sem sair, pois até ameaças de morte estamos recebendo. Não há pudor em incentivar uma condenação prévia, houve uma tragédia sim, um acidente e, com toda a tristeza do meu coração, foi com meu filho de apenas 4 anos.

Tudo está sendo apurado e investigado, todos os envolvidos e até os não envolvidos estão depondo e colaborando com as investigações. Esperamos que aqueles que apontam os dedos para nós, injustamente, sejam baixados e que a verdade deste acidente seja esclarecida.

17
Treze horas na delegacia

O primeiro depoimento de Jairinho e Monique na 16ª DP estava marcado para quarta-feira 17 de outubro, às 14h. Logo cedo, às 7h08, o advogado André França Barreto enviou mensagem para os dois com o endereço de seu apartamento, no Alto Leblon: "Vocês podem chegar a hora q quiserem. Só gostaria que fosse antes das 11h, pode ser?".

Monique estava preocupada com a roupa que usaria. O advogado havia lhe orientado a se vestir com discrição. "André, bom dia. Macacão preto está bom? Ou calça jeans com um blazer? Sem salto né?! Não tenho muita coisa discreta. Esse mocassim é o único. Jeans só achei rasgada". O advogado pediu: "Posso ver a calça jeans e o blazer?". Monique enviou duas selfies tiradas no espelho do seu quarto no apartamento do Majestic, onde foi buscar as roupas. Na primeira, vestia um macacão preto com um cinto da marca de luxo Valentino, que custa cerca de R$ 5 mil, e um arco com detalhes dourados no cabelo. Na segunda, usava um conjunto social branco. "Essa, melhor que o preto", sugeriu André.

Alguns minutos depois, Jairinho, que estava na casa dos pais em Bangu, também acionou André: "Ela te respondeu? 11h estamos aí, ou antes. Pensar o que vou falar". O advogado orientou:

"Irmão, foca na DP. Esquece mídia. Dê um espaço para a Monique. Esquece ela um pouco. Se você sufocar, ela vai virar uma panela de pressão. Confie".

Antes de sair do Majestic, Monique trocou mensagens com a mãe, Rosângela.

Monique – *Indo de novo para o advogado. Ontem foram sete horas de interrogatório. Fazendo um possível inquérito. Hoje será de novo. E amanhã de novo. Que Deus me ajude.*
Rosângela – *Isso tudo vai passar.*
Monique – *Tem que passar. Não há quem aguente.*
Rosângela – *Tem coisas que nós mães não conseguimos evitar que o filho passe. Estou em oração por você e Deus escuta nossas orações. Marquei com o padre Felipe às 15h na quinta-feira. Ontem, padre Cleiton mandou um abraço pra você.*
Monique – *Obrigada, mãe. Você tem sido minha força nesses dias tão difíceis.*
Rosângela – *Você foi a melhor mãe para o seu filho. Tenha certeza do que você foi e ele será sempre grato. Te amo e rezo sempre. Não tenha medo de nada. O que não foi feito ou da maneira que foi feito foi o seu entendimento como mãe. Mãe quer sempre educar mesmo, que muitas vezes nos parece errado. Isso tudo vai passar. Entregue a Deus a sua vida e espera a recompensa.*

No fim da manhã de 17 de março, Monique e Jairinho estavam na casa de André e, juntos, os três seguiram para a delegacia. O casal desceu do carro do advogado de mãos dadas. Cercados por uma multidão de repórteres e fotógrafos, os dois não deram declarações. Ela vestia o conjunto social branco escolhido por André, com uma camiseta de gola alta da mesma cor por baixo, sapatos de salto baixo e sua bolsa Neverfull, da Louis Vuitton. Ele estava com blusa social azul e calça e paletó cinzas. Ambos usavam máscaras de proteção pretas, descartáveis. Eles permaneceram na delegacia por cerca de 13 horas; só sairiam de madrugada.

Os depoimentos foram acompanhados pelos delegados Henrique Damasceno e Ana Carolina Medeiros, na sala dele, no segundo andar; durante todo o tempo o casal ficou separado. Em um dos intervalos, sentada em uma cadeira azul, Monique chegou a enviar duas selfies: uma sorrindo, ao lado de outro advogado do escritório de André França Barreto, e a segunda chorando, com a maquiagem borrada. André, que se dividia entre os dois clientes, por volta das 18h escreveu para a professora pelo WhatsApp: "Está ótimo! Fique tranquila! Você está c a verdade. Não tem o q se preocupar. Fique em silêncio. Sem muita intimidade. Risos. Alegrias".

Ao delegado Henrique Damasceno, Monique disse acreditar que as lesões identificadas pela necrópsia foram provocadas por uma queda de Henry da cama, na madrugada de 8 de março. Ela contou que, ao acordar, por volta de 3h30, o menino já estava "gelado" e com "os olhos virando". No termo de declaração, de seis páginas, ela afirmou que Leniel pegara o menino em sua casa no sábado dia 6 e o devolvera por volta de 19h de domingo. Disse que, ao chegar, o filho chorava muito e chegou a vomitar. Ela o teria acalmado, levando-o a uma padaria próxima de casa e voltado para o Majestic em seguida.

No apartamento, Monique contou que deu banho em Henry e não percebeu qualquer machucado. O menino também não teria reclamado de nenhum ferimento ou dor. Logo depois, ele foi para a cama da suíte do casal, onde costumava dormir. A professora teria ficado na sala com Jairinho assistindo à série "Narcos". Até 1h50, contou, o filho levantou três vezes e ela o levou de volta ao quarto.

Monique relatou que foi ao quarto de hóspedes com o vereador para continuar vendo a série sem que o barulho incomodasse o filho. Logo depois, o companheiro teria adormecido. Por volta das 3h30, Monique disse que levantou e acordou Jairinho, que foi ao banheiro. Quando chegou ao quarto do casal ela teria encontrado Henry caído no chão, com mãos e pés gelados, olhos revirados e inconsciente.

Monique disse que berrou por Jairinho, e o namorado correu até o cômodo. Eles teriam se arrumado rapidamente e foram ao Hospital Barra D'Or. No caminho, a professora afirmou que fez respiração boca a boca na criança, depois de orientação do vereador. Ela contou que chegou na emergência gritando por ajuda, e foi logo atendida. O delegado questionou se lera o laudo com a causa da morte de Henry. Monique disse acreditar que o filho tenha acordado, ficado em pé sobre a cama e se desequilibrado ou tropeçado no encosto da poltrona ao lado.

Jairinho, que não acompanhou o depoimento da professora, confirmou todas as informações que ela deu. Contou ter dormido após tomar três medicações que usava havia cerca de dez anos e, ao ser acordado por Monique, foi urinar. Com os gritos da namorada, correu até o quarto. Ele disse que o braço de Henry estava com temperatura bem abaixo do normal e sua boca, aberta, parecendo respirar mal. Achou que o enteado tinha bronco-aspirado, mas seu quadro não melhorava, já que no caminho para o hospital não respondeu à respiração boca a boca nem aos estímulos feitos por Monique. Jairinho relatou ainda que, apesar de ter formação em medicina, nunca exerceu a profissão; a última massagem cardíaca que realizara havia sido em um boneco, durante a graduação.

Perguntado pela delegada Ana Carolina Medeiros como classificaria as informações do laudo de necrópsia de Henry, Jairinho respondeu que viu lesões significativas. A policial questionou se, após analisar o documento, tinha alguma ideia sobre o que poderia ter acontecido com o enteado para causar tantos ferimentos. Assim como a namorada, ele disse que não sabia. O vereador contou ainda que, após a morte da criança, voltou a morar com seus pais e Monique, com os pais dela. Os dois, porém, continuavam se encontrando diariamente.

Depois que terminou seu depoimento, às 22h46, Monique enviou uma mensagem ao pai: "Estou com o advogado aqui comigo. Nem consigo sair de tanto repórter. Muito triste, pai". No início da madrugada, enquanto Jairinho ainda era ouvido, ela voltou a escrever para Fernando:

Monique – *Pai, continuo na delegacia. Acalma minha mãe.*
Fernando – *Eu achei o laudo um absurdo. Parece como se espancasse uma criança.*
Monique – *O que a mídia fala não é verdade. Vamos ter que esperar os peritos. Ninguém mostrou a foto dele indo dormir. Pois no laudo está escrito que não houve maus-tratos.*
Fernando – *Tem política na jogada.*
Monique – *Que provação é essa que estou passando eu não sei. Só Deus pra amparar.*

A professora também perguntou a Cristiane como estavam os pais de Jairinho. "Eles estão dilacerados. Coronel me liga o tempo todo. Chora. Joelhos no chão. Orando. Perguntando por vocês. Dona Manuela, tadinha. Que tristeza isso tudo. Imagino seus pais. Só Deus. Que luta! Você foi fantástica no depoimento! Só Deus explica essa força, garra, fibra, coragem", respondeu a assessora. Monique perguntou se ela já tinha lido. Cristiane disse que um dos advogados do escritório de André lhe enviara e a elogiou: "Eu penso que você não vai mais conseguir me surpreender e consegue! Senhor amado! Uma pressão psicológica!".

Por volta das 3h30, Monique e Jairinho deixaram a delegacia pela porta da frente. Novamente de mãos dadas e sem falar com a imprensa, entraram no carro de André França Barreto. Depois dos depoimentos, o advogado mandou uma foto para o celular da professora, em que eles apareciam com o vereador e Cristiane sentados no chão de carpete de seu escritório, na véspera. "Oi, Monique. Estou tão orgulhoso de você. Tão admirado com o seu caráter, valores e princípios. Você é uma guerreira, Monique. Sou um fã. Vamos marcar amanhã na sua casa. Faço questão de conhecer os seus pais", escreveu o criminalista.

Na manhã seguinte, 18 de março, Monique fez buscas por advogados na internet. No Instagram, achou o perfil de um escritório, localizado no Recreio, e deu print na tela. Às 13h43, avisou a Jairinho: "Vou procurar outro advogado. Sabe por quê? Porque ele é o seu advogado e não o meu. Se for pra defender alguém, será você, não a mim. Estou embrulhada com tantos comentários que estou lendo ao meu respeito".

18
Testemunhas importantes

No dia seguinte ao depoimento na 16ª DP, o advogado André França Barreto conversou com Jairinho sobre a possibilidade de o casal dar uma entrevista.

Jairinho – *Bom dia, meu príncipe. Monique dormindo. Vou acordá-la agora. Vamos para o banho. Te amo.*
André – *Bom dia, meu lindo. Sigo na mesma opinião. Se eu estivesse no lugar de vocês, eu faria. Mas sempre deixando vocês à vontade, caso não queiram fazer.*
Jairinho – *Vou fazer o que você quiser.*

 E assim foi feito. Jairinho e Monique deram uma entrevista ao programa "Domingo espetacular", da TV Record, reiterando que Henry foi colocado para dormir cedo, na noite de 7 de março, e encontrado caído no chão, na madrugada. "Perguntei se queria jantar, comer uma massa, tomar um suco. Ele disse que não, que queria descansar. Dei banho, ele disse que queria dormir no meu quarto. Quando abri a porta do quarto, vi ele deitado no chão. Peguei meu filho, botei em cima da cama. Estranhei. As mãos e os pés dele estavam muito geladinhos. Chamei o Jairinho. Ele enrolou meu filho numa manta e fomos ao hospital", disse Monique, descrevendo o filho como "gentil, educado, dócil, carinhoso".

"Achei que ele estivesse passando mal e seria mais eficaz levar ao hospital. A única certeza que eu tinha é que a gente iria trazê-lo de volta. Eu queria que ele tivesse voltado com a gente. Nesse momento que entro no hospital, já tem quatro profissionais de saúde em cima dele, depois seis, depois oito. Vi que era grave. Monique ficou nervosa. Foram as duas horas mais horríveis da minha vida. Eu tenho certeza absoluta, diante de Deus, que assassinato não foi", afirmou o parlamentar.

A entrevista, gravada no apartamento de André, no Leblon, foi ao ar no dia 18 de março. O advogado confirmou as informações prestadas pelos clientes: "Contra todas essas probabilidades que os peritos ainda trazem de ser pouco provável que um acidente doméstico tenha ocorrido, eu tenho do outro lado da balança um casal coeso, uma família unida, pessoas de caráter e vários testemunhos, inclusive do círculo doméstico, da relação afetuosa e carinhosa dessas pessoas".

Nascido em Niterói, na Região Metropolitana do Rio, André foi seminarista por quatro anos no interior de Minas Gerais, mas largou o curso para se formar em direito. Tornou-se criminalista e defendeu alguns clientes da Operação Cadeia Velha, quase todos políticos. Como já havia trabalhado para o Coronel Jairo quando ele foi preso, acabou assumindo o caso envolvendo Jairinho.

* * *

Naquele mesmo dia 18, os investigadores receberam vídeos de seis câmeras de segurança, com imagens entre a tarde do dia 7 e a manhã de 8 de março. O circuito interno do parque de diversões Quintal do Nicolau, no Américas Shopping, mostrou o menino em seu último passeio com Leniel, pouco depois das 16h.

Os vídeos do condomínio Majestic registraram também o momento em que, por volta das 19h20, Monique desceu do apartamento 203 no bloco 1 para buscar a criança na portaria. Ao receber do ex-marido o filho, que estava chorando e vomitando, a professora o levou a pé a uma padaria próxima. Alguns minutos depois, retornou ao prédio com Henry no colo. Nesse intervalo, Jairinho desceu para procurar pela namorada e os três subiram juntos no elevador. O vereador fez carinho no menino, que permaneceu com a cabeça baixa nos braços da mãe.

Às 4h09, as câmaras mostraram o casal novamente no elevador, com Henry. De lá, seguiram para o Hospital Barra D'Or, onde a manutenção no sistema interno de TV impossibilitou registros da chegada da família e do atendimento prestado. Às 9h08, Jairinho retornou ao Majestic. Ele apareceu arrumando os cabelos dentro do mesmo elevador.

Também no dia 18, o delegado Henrique Damasceno recebeu um outro vídeo de câmera de segurança. Era do equipamento do Walter's Coiffeur, no Shopping Metropolitano, que filmou Monique chegando ao salão às 12h19 do dia 12 de março, dois dias depois de enterrar o filho. As imagens mostravam a professora tendo o cabelo lavado por um profissional no primeiro andar da loja e depois indo para o segundo piso, onde fez pés, mãos e escova.

No fim da semana seguinte, dias 20 e 21 de março, foram ouvidas na delegacia a psicóloga Érica Mamede, que atendeu Henry em cinco sessões, e a professora Flávia de Medeiros Mesquita Sargo, que deu aulas para ele por 20 dias no Colégio Marista São José. Ambas negaram ter percebido qualquer anormalidade em seu comportamento.

Debora Mello Saraiva, uma das ex-namoradas de Jairinho, também deu depoimento. Ela afirmou ter mantido um relacionamento com o vereador, entre idas e vindas, por cerca de seis anos, entre 2014 e 2020, período em que o parlamentar era casado com a nutricionista Ana Carolina Ferreira Netto. Debora revelou ter falado com ele pelo WhatsApp seis horas e quatro minutos após atestada a morte de Henry, "como se nada tivesse acontecido". Ela afirmou que Jairinho não comentou sobre o episódio.

Na madrugada anterior, já ciente de que Debora seria ouvida na 16ª DP, Jairinho acionou Cristiane às 4h14: "Pelo amor de Deus. Agora que lembrei. A menina de amanhã disse que a filha sempre fala que sou mais pai que o próprio pai das crianças. Ela tem que ser grata a tudo. Tem que falar com ela de todas as possibilidades. Tô com medo de ela não aparecer de manhã". A assessora o tranquilizou: "Ela vai colaborar numa boa. Ela é muito grata a você. Para com a ansiedade. Única reclamação de você é que não se separou para ficar com ela".

Jairinho também falou com Cristiane sobre Fernanda Abidu, sua primeira mulher e mãe de seu filho mais velho. "Conversa com ela com muita calma", recomendou o vereador. "Claro. Conheço a fera", respondeu a assessora.

* * *

Na manhã seguinte aos depoimentos de Monique e Jairinho, cinco vizinhos do segundo andar do bloco 1 do Majestic compareceram à delegacia. Todos negaram ter visto ou ouvido algo atípico naquela madrugada vinda do apartamento 203. À tarde, também foram ouvidas cinco médicas do Hospital Barra D'Or. As que participaram do atendimento a Henry disseram que o menino chegou "tecnicamente morto" à unidade de saúde e que foram realizadas manobras de ressuscitação por aproximadamente duas horas, "sem resposta alguma do paciente".

À noite, foi a vez de Thayna de Oliveira Ferreira, babá de Henry, que prestava serviço desde 18 de janeiro. Ela definiu a criança como "boa" e "perfeita". Negou ter presenciado qualquer anormalidade na família, que viu reunida no máximo quatro vezes. Acostumada a dar banho no menino, disse que nunca notara sinais de violência em seu corpo.

Thayna contou que Henry lhe fazia perguntas, como "tia, por que existe a separação?". A essa dúvida, ela disse que respondeu assim: "Para as pessoas não ficarem brigando é melhor que se separem". A babá relatou ainda que, por volta das 9h30 do dia 8 de março, recebeu a seguinte ligação de Monique: "Você não precisa ir trabalhar hoje. Henry caiu da cama. Perdi meu bem mais precioso".

* * *

Durante as investigações, ao ver reportagens sobre a morte de Henry, a cabeleireira Natasha de Oliveira Machado buscou o perfil de Leniel no Instagram. Ela lhe enviou uma mensagem dizendo que "não desistisse" e "fosse atrás de justiça". Contou também que sua filha fora vítima de agressões de Jairinho. O engenheiro lhe telefonou e marcou um encontro no escritório dos advogados que o representavam, Leonardo Barreto e Aílton Barros.

Natasha contou sobre o relacionamento com Jairinho e as agressões que ela e sua filha sofreram do vereador. E concordou em prestar depoimento. Na noite de 23 de março, policiais da 16ª DP foram lhe buscar em casa. Ao delegado Henrique Damasceno, Natasha relatou episódios de violência de Jairinho e disse que iria propor à menina irem à Delegacia da Criança e Adolescente Vítima, onde psicólogos e uma equipe especializada poderiam ouvi-la.

Na manhã seguinte, 24 de março, Leila Rosângela, outra funcionária da casa de Jairinho e Monique, foi chamada a depor na 16ª DP. Ela e a babá Thayna chegaram a dar entrevistas à TV Record e negaram anormalidades na relação do casal com Henry. Antes, elas tinham ido ao escritório do advogado André França Barreto, que as treinou com as mesmas perguntas que seriam feitas na reportagem.

Na delegacia, Leila contou só ter visto o vereador, Monique e Henry juntos três vezes. Ela disse que, numa ocasião, presenciou o menino correndo em direção ao padrasto para abraçá-lo, gritando: "Tio Jairinho, tio Jairinho!". A empregada negou ter presenciado discussões entre os três.

Sobre o dia 8 de março, Leila contou que chegou por volta de 7h30, como de costume, e organizou a casa; ela tinha a chave do apartamento. Só estranhou a luz da cozinha acesa e reparou que o único móvel fora de lugar era uma poltrona, encostada à cama do casal, usada para "escorar" Henry. Ela disse que recebeu um telefonema de Monique às 9h46, avisando que poderia tirar o dia de folga. Minutos depois, quando esperava o elevador, encontrou a professora retornando do hospital. Foi quando soube da morte da criança.

Naquele mesmo dia, os delegados Damasceno e Ana Carolina ouviram a avó materna de Henry. Rosângela Medeiros da Costa e Silva definiu sua relação com o neto como estreita e de muito amor. Segundo ela, o menino estava feliz com a mudança para a Barra da Tijuca. Desde então, a avó passou a dormir do Majestic de três a quatro vezes por semana. Mas Henry, de acordo com Rosângela, tinha predileção por sua casa em Bangu.

A professora contou que conhecia Jairinho havia cerca de cinco meses e que ele costumava dar presentes e chocolates para agradar a Henry. Disse ainda que o genro chegou a aplicar uma injeção no menino, quando ele estava resfriado. Rosângela definiu a filha como uma mãe zelosa e Leniel como um bom pai.

Naquele dia, enquanto a mãe prestava depoimento, Monique estava na casa dos pais, em Bangu, e acionou os serviços de uma manicure: "Boa tarde. Peguei seu contato com minha amiga Cristiane. Você tem horário disponível? Você faz acrigel, certo?". A profissional respondeu: "Sim. Pode ser às 18h. Você já está com a unha? Ou vai fazer unha normal?". E Monique completou: "Uma eu quebrei. Mas se quiser pode tirar tudo e fazer. Só quero deixar pequena".

19
Reconstituição da madrugada

Na noite de 24 de março, o delegado Henrique Damasceno enviou ao promotor Marcos Kac uma solicitação de medidas cautelares de busca e apreensão em quatro endereços ligados a Monique, Jairinho e Leniel. Pediu também as quebras de sigilos telefônicos e telemáticos dos três, além da interdição por 30 dias do apartamento 203 do bloco 1 do Majestic.

Com 25 anos de carreira no Ministério Público do Rio, Marcos Kac atuou em casos de repercussão, como a morte a facadas dos franceses Christian Doupes, Delphine Douyére e Jerome Faure, donos da ONG Terr'Ativa, em Copacabana, em 2007; o homicídio de Plácido da Silva Nunes, dono do Rei do Bacalhau, na Ilha do Governador, no mesmo ano, cometido por um de seus filhos adotivos; e ainda as investigações que desmantelaram um esquema milionário de venda ilegal de ingressos na Copa do Mundo, em 2014.

O promotor deu parecer favorável aos pedidos do delegado Damasceno e enviou o procedimento à juíza Elizabeth Machado Louro, titular do II Tribunal do Júri. Ela, que seria a responsável pelo caso a partir de então, autorizou todos os pedidos.

Depois de se formar em jornalismo e trabalhar por três meses no extinto "Jornal do Commercio", Elizabeth cursou direito. Aprovada nos concursos da Polícia Civil e da Defensoria Pública, entrou na magistratura em 1996. Desde então, atuou em varas de Cabo Frio e em São Pedro da Aldeia, na Região dos Lagos, e em Nova Iguaçu, na Baixada Fluminense, onde presidiu o júri da Chacina da Baixada, em que policiais militares foram acusados de matar a tiros 29 pessoas, em 2005. Desde 2017, Elizabeth é titular da 2ª Vara Criminal da Comarca da Capital – ou II Tribunal do Júri.

* * *

Na madrugada do dia 26 de março, pelo menos 20 policiais se reuniram às 4h na 16ª DP e de lá partiram para cumprir os mandados de busca, em cinco viaturas. Estiveram na cobertura de Leniel, no Recreio dos Bandeirantes; na casa dos pais de Monique, em Bangu; na casa dos pais de Jairinho, no mesmo bairro; e em outra residência onde o vereador já havia morado, na Barra da Tijuca. Todos estavam dormindo e ficaram surpresos com a chegada dos agentes, mas concordaram em fornecer as senhas para desbloqueio dos 11 aparelhos eletrônicos recolhidos. A exceção foi o Coronel Jairo, que alegou que seu celular fora levado por agentes da Polícia Federal na Operação Furna da Onça, em 2018.

Por volta das 14h do dia 29 de março, peritos do Instituto Médico Legal e do Instituto de Criminalística Carlos Éboli, além de policiais da 16ª DP, iniciaram as perícias complementares no Majestic. Cerca de 20 profissionais passaram a tarde fazendo medições e análises de manchas e da posição dos móveis no apartamento em que viviam Monique, Jairinho e Henry.

Os peritos examinaram dez fragmentos de papel de parede na sala e outras cinco amostras da sala e do quarto de Henry. Fizeram testes de detecção de vestígios de sangue, com uso de Luminol, um pó formado por átomos de carbono, hidrogênio, oxigênio e nitrogênio, diluído em água oxigenada, que reage em contato com o ferro presente na hemoglobina do sangue. Todos os resultados, entretanto, foram negativos para a presença de sangue no ambiente.

Um dos delegados notou que as fotografias de pelo menos três porta-retratos haviam sido trocadas após a morte do menino. Elas, agora, mostravam Henry com a família, em cenas que reforçavam os depoimentos de que viviam em harmonia. As fotos substituídas – as três só com Monique e Jairinho – foram achadas numa sacola no quarto de empregada, perto de produtos de limpeza. No quarto do casal, havia mais três imagens de Jairinho e Monique com a criança.

Na escrivaninha, um livro também chamou a atenção dos investigadores: "Medicina de urgência", um guia da Escola Paulista de Medicina, da Universidade Federal de São Paulo, de Elisa Mieko Suemitsu Higa e Álvaro Nagib Atallah, publicado em 2004, ano em que Jairinho concluiu a graduação na Unigranrio. No criado-mudo, havia uma carta escrita à mão por Monique, em que ela falava sobre felicidade. "A gente luta para alcançar certos objetivos na vida. Objetivos pessoais, profissionais, interpessoais, amorosos. Mas quando conseguimos atingir, aumentamos a meta e buscamos sempre um pouco mais", dizia o início do texto, que finalizava assim: "Esse comportamento nos leva a fazer duas grandes coisas inúteis: corrigir ou tentar corrigir os erros que ficaram no passado e postergar a felicidade para conquistas que enxergamos no futuro...".

A partir daquela ocasião, o advogado André França Barreto, que representava Monique e Jairinho, lançaria mão de 24 petições protocoladas no cartório da 16ª DP, durante dez dias consecutivos. Solicitou acesso a informações da investigação, entre elas as perícias e laudos produzidos; sugeriu ouvir testemunhas, como uma perita que afirmara num programa de TV ser impossível determinar a causa da morte de Henry somente com base na necrópsia; e apresentou um vídeo de redes sociais em que um bebê de 11 meses desloca uma escada de dois metros para a janela de um apartamento e a escala até o último degrau.

André conseguiu reunir mais de 50 relatos de conhecidos de Monique e Jairinho, defendendo o casal. Chegou a usar seu perfil pessoal no Instagram para isso. "Gostaria de conclamar a todos os familiares, amigos ou todo aquele que testemunhou essa história de amor a nos ajudar enviando o seu relato, foto, vídeo", postou.

O advogado pediu também o adiamento da reprodução simulada no Majestic – ou reconstituição, como é popularmente chamada. A petição, enviada por e-mail menos de 24 horas antes da data marcada, afirmava que Monique estava "acometida de grave quadro depressivo" e que, por isso, solicitava que fosse reagendada para 12 dias à frente.

Horas depois, o delegado Damasceno indeferiu o pedido e justificou. "Há de se registrar que causa estranheza a este delegado de Polícia que a requerente esteve disposta a gravar entrevista com uma emissora de televisão, em rede nacional, sobre os mesmos fatos de que tratam a reprodução simulada, à qual, por este pleito, se alega estar impossibilitada por razões médicas".

Naquela mesma noite, André também recorreu à Justiça para adiar a reconstituição. Entrou com um habeas corpus no plantão judiciário pleiteando ainda a transferência do inquérito da 16ª DP para a Delegacia de Homicídios da Capital e a suspensão das investigações. Um dos motivos alegados era de que havia registros de comportamentos parciais por parte do delegado, ao ouvir pessoalmente as testemunhas – segundo ele, em razão do elevado volume de trabalho, a função deveria ser dos inspetores. A petição apontava também que diversos depoentes "noticiaram a forma truculenta como foram tratados", tendo sido realizadas "entrevistas preliminares" antes dos depoimentos formais.

O juiz Paulo Roberto Sampaio Jangutta negou os três pedidos

de André; a reconstituição foi mantida para as 14h do dia 1º de abril no apartamento do Majestic. Antes desse horário, a garagem descoberta do edifício fora ocupada por oito carros da Polícia Civil. Estavam presentes peritos do IML e do ICCE, policiais da 16ª DP e os delegados Ana Carolina Medeiros, Henrique Damasceno e Antenor Lopes Martins Júnior, além do promotor Marcos Kac.

Apesar de intimados, Jairinho e Monique não compareceram à reconstituição. Na entrada do prédio, André França Barreto justificava à imprensa que o casal estava abalado: "Ela, inclusive, tem atestado de 60 dias. Eles estão sob forte depressão, como é uma coisa razoável. Completamente plausível que uma mãe e um padrasto estejam abalados, diante dessa emoção toda". O advogado reclamou da forma como a polícia conduzia as investigações e leu uma carta assinada pela mãe de Monique, acusando o delegado Damasceno de ser parcial.

Por cerca de cinco horas, foi encenada a dinâmica narrada por Monique e Jairinho na delegacia. Adriana Pinto Escobar e Fábio Luís Ferreira Teixeira, policiais da 16ª DP, representaram o casal. Usou-se um boneco com as mesmas características do menino, que media 1,15m e pesava 20 quilos.

Adriana começou a simulação levando o boneco até o banheiro. Segundo Monique, ela deu banho no filho por volta das 20h. Depois, colocou-o para dormir na cama de sua suíte. Quando o menino pegou no sono, a professora e o namorado contaram ter ido assistir à série "Narcos", mas Henry teria acordado três vezes e caminhado até a sala. Simularam toda a sequência, até o momento em que Jairinho teria ido ao banheiro e Monique encontraria Henry caído no chão, ao lado da cama. Por fim, reconstituíram com o boneco a situação em que o casal enrolou Henry na manta e desceu o elevador para levá-lo ao Barra D'Or.

Durante a reconstituição, assim como nas perícias complementares feitas no apartamento da família, foram realizadas medições nos três cômodos, incluindo o quarto onde Henry estaria dormindo. O laudo com as informações concluiria que a queda do menino, narrada por Monique, em nenhuma das hipóteses produziria tantas lesões (externas e internas) em diferentes partes do corpo.

Logo após deixar o Majestic, a equipe da Polícia Civil seguiu para uma reunião de quase duas horas na 16ª DP, organizada pelo diretor do Departamento Geral de Polícia da Capital, Antenor Lopes. Diante da complexidade e da repercussão do caso, ele havia determinado a criação de uma força-tarefa com policiais do departamento, inspetores e delegados da distrital, além de peritos. Entre eles estava a legista Gabriela Graça, figura importante no grupo.

* * *

Com quase duas décadas de experiência, Gabriela Graça se formou em medicina pela Universidade Gama Filho, fez residência em ortopedia, traumatologia e pós-graduação em antropologia forense e direitos humanos. Ela está na Polícia Civil do Rio desde 2002 e dirigiu o Instituto Médico Legal entre 2018 e 2021. Em 2019, atuou no caso do incêndio do Centro de Treinamento do Flamengo, o Ninho do Urubu, em Vargem Grande, em que morreram dez atletas entre 14 e 17 anos. No réveillon de 2010, Gabriela trabalhou na identificação dos 53 corpos de mortos no deslizamento de terra em Angra dos Reis, na Costa Verde fluminense. Em janeiro de 2021, ela assumiu o setor de antropologia forense do IML.

20
Mensagens com a babá

Na 16ª DP, enquanto os policiais trocavam as primeiras impressões sobre a reprodução simulada que acabara de acontecer e as possíveis contradições nos depoimentos de Monique e Jairinho, o delegado Damasceno recebia uma prévia do laudo sobre o conteúdo dos 11 aparelhos eletrônicos apreendidos. No celular da professora, havia prints de mensagens trocadas com a babá de Henry, Thayna, que indicavam que ela sabia das supostas agressões praticadas pelo vereador ao menino.

O conteúdo foi recuperado graças ao software israelense Cellebrite Premium, que, com o uso de inteligência artificial, desbloqueia dispositivos eletrônicos e restaura dados apagados. Esse serviço é feito pela perícia de informática do Instituto de Criminalística Carlos Éboli e pode levar algumas horas ou até uma semana. Só no telefone de Monique – um iPhone 11 – foram extraídos mais de 20 mil arquivos, entre textos, fotos, áudios e vídeos.

Constava do material recuperado uma troca de mensagens entre Thayna e Monique, por WhatsApp, a partir das 16h24 do dia 12 de fevereiro, portanto, 24 dias antes da morte de Henry. O diálogo sugeria que a professora já havia demonstrado preocupação em deixar o filho sozinho com Jairinho.

Thayna – *Jairinho já chegou. Está com Henry. É só pra você ver o zap. Que ele está no quarto com Jairinho.*
Monique – *E agora?*
Thayna – *Tá mudo. Não estou ouvindo nada.*
Monique – *Chama ele para brinquedoteca. Vai traumatizar o garoto.*

A babá enviou então duas mensagens de áudio, mas Monique disse que não tinha como ouvir naquele momento.

Monique – *Estou apavorada.*
Thayna – *Então, quando o Jairinho chegou, ele saiu do sofá correndo. E foi abraçar Jairinho. Ficamos eu e Rose até surpresa. Se tivesse uma câmera, você ficaria surpresa também.* (Rose era a empregada Leila Rosângela, que também estava no apartamento)
Monique – *Você jura? E aí? Mas eu acho que a reação é de medo. Ele abraça por medo.*
Thayna – *Aí, logo depois Jairinho chamou ele para ver que comprou algo. Aí ele foi para o quarto.*
Monique – *Ai, meu Deus. Estou apavorada. Chama para a brinquedoteca.*
Thayna – *De início, gritou "tia". Depois, está quieto. Eu respondi "oi" e ele não falou nada.*
Monique – *Vai lá mesmo assim. Fala: "Sua mãe me ligou falando para você ir na brinquedoteca brincar com a criança" e fica lá um tempo. Jairinho não falou que ia para casa.*
Thayna – *Então, eu chamo e nenhum dos dois fala nada. Não respondem. Só escuto a voz de desenho. Acho melhor você vir. E daí se tiver acontecendo algo você vê.*
Monique – *Bate na porta, Thayna. Entra no quarto mesmo assim.*
Thayna – *Fico com medo de Jairinho não gostar da invasão. Peraí, vou tentar abrir a porta.*
Monique – *Ele não tem que gostar de nada.*

Thayna respondeu, dizendo que Jairinho abriu a porta. Em seguida, a babá enviou uma foto em que Henry aparecia no sofá, abraçando-a, de costas para a câmera do celular. Mas Monique seguiu mostrando preocupação:

Monique – *E aí? Ai, meu pai amado. Deu ruim? Sabia. Pergunta tudo. Pergunta o que o tio falou.*
Thayna – *Então, agora não quer ficar na sala sozinho. Só quer ficar na cozinha. Jairinho falou: "Thayna, deixa a mãe dele fazer as coisas. Não liga não". Falei: "Não estou falando com ela não. Tô falando com a minha mãe". Aí ele: "Tá". Estou sentado com ele na sala agora, vendo desenho. A Rose está fazendo as coisas.*

Thayna enviou outra foto, desta vez com Henry ao seu lado, no sofá da sala. Na imagem, ele parecia distraído com a televisão.

Monique – *Pergunta se ele quer vir ao shopping. Fala que vai na brinquedoteca e eu mando um Uber. Ai meu Deus. Que merda. Vê se ele quer sair de casa. Ou ficar aí. Coitado do meu filho.*
Thayna – *Estou falando com ele. Ele quer que eu fique sentada ao lado dele só. Jairinho está arrumando a mala.*

Às 16h37, Monique voltou a falar com a babá. Lamentou ter marcado o salão de beleza:

Monique – *Coitado do meu filho. Se eu soubesse, nem tinha saído. Pergunta o que o tio falou. Fala assim: "Tio Jairinho é tão legal, ele falou o que com você?".*
Thayna – *Jairinho está aqui perto. Depois pergunto. Jairinho está andando pela casa. Acho que prestando atenção no que estou fazendo. Aí disfarço, abro outra conversa. Está comigo na sala. Qualquer coisa, te falo.*

Nove minutos depois, a professora continuou orientando a funcionária:

Monique – *Dá um banho nele. Para ver se ele relaxa.*
Thayna – *Ele não quer entrar ali no corredor. Quer ficar assim no meu colo.* (Na sequência, a babá enviou mais uma foto de Henry, desta vez em seu colo, no sofá)
Monique – *PQP. Que merda do caralho. Coitado.*

Às 16h47, a babá informou que Henry reclamou que o joelho estava doendo. Thayna disse que a empregada Leila Rosângela perguntou se ele tinha machucado o pé, mas o menino não falou nada. Monique insistiu para saber se o filho havia contado alguma coisa.

Thayna – *Não, eu falei pra ele: eu guardo segredo. Ele só fala que não aconteceu nada.*
Monique – *PQP! Mas não quer ir lá. Então aconteceu. Vou descobrir quando chegar. Pergunta se ele não quer vir ao shopping.*
Thayna – *Ele disse que não, que só quer ficar comigo na sala. Já sei o que a gente pode fazer: você um dia fala que vai demorar na rua e fica aqui escondida em algum lugar ou lá embaixo e chega do nada.*
Monique – *Ele foi para o nosso quarto ou o do Henry? Eu vou colocar a microcâmera. Me ajuda a achar um lugar. Depois eu tiro. Mas tem que ser imperceptível.*
Thayna – *Para o seu quarto. É sempre no seu quarto. Meu padrinho instala câmeras. Tem até uma empresa. Porque não está normal. E eu tenho medo porque cuido dele com muito amor e tenho medo até de ele cair comigo. Aí, não sei o que o Jairinho faz quando chega, depois ele está machucado, sei lá.*
Monique – *Vai me avisando se ele falar alguma coisa. Estou aqui de olho no telefone.*

Às 17h02, após seis minutos sem trocas de mensagens, Monique voltou a chamar a babá pelo WhatsApp:

Monique – *Alguma coisa estranha mesmo. Jairinho me ligou. Dizendo que chegou agora em casa. Estranho demais. Ele vai no BarraShopping. Fala pro Henry que o tio vai sair para trabalhar de novo. Que eu já já chego.*

Doze minutos depois, Thayna contou à patroa que Jairinho já havia saído. Ela ficou sozinha com Henry. Monique insistiu para que a babá tentasse descobrir o que tinha acontecido no quarto.

Thayna – *Então, me contou que deu uma banda e chutou ele e que toda vez faz isso. Que fala que não pode contar. Que ele perturba a mãe dele. Que tem que obedecer a ele. Senão vai pegar ele. Combinei com ele agora: toda vez que Jairinho chegar e você não tiver, eu vou chamar ele e ele vai aceitar. Porque estou aqui para proteger ele. Aí eu disse: se você confia na tia, me dá um abraço. Ele me deu e está assim comigo.*

Thayna enviou mais uma foto, de mãos dadas com Henry, no sofá. Em seguida, mandou um vídeo em que Henry aparecia caminhando, de costas, de cueca e chinelos. "Tá mancando. Mas tô cuidando dele", disse a babá, avisando que daria banho no menino. Monique, porém, continuava apreensiva nas mensagens.

Monique – *A porta do quarto estava aberta ou fechada quando o Henry entrou no quarto?*
Thayna – *Quando o Henry entrou, estava aberta. Depois, ele fechou. E daí ficou até aquela hora com a porta fechada. Henry está reclamando da cabeça. Pediu para a tia não lavar não. Está doendo.*
Monique – *Meu Deus. Como assim? Pergunta tudo, Thayna. Será que bateu a cabeça?*

Thayna – *Ele disse que foi quando caiu que a cabeça ficou doendo.* (E enviou uma foto em que aparecia uma pequena mancha vermelha embaixo do joelho de Henry)

Para Henrique Damasceno, a troca de mensagens entre Monique e Thayna naquela tarde de 12 de fevereiro demonstrava uma rotina de violência e subjugação de Jairinho ao menino. A equipe de investigadores descobriu ainda que, na manhã seguinte, 13 de fevereiro, o casal passou na casa dos pais de Monique e, em seguida, levou Henry ao Hospital Real D'Or, em Bangu. Disseram na recepção que o menino havia caído da cama às 17h e acordara com dor no joelho esquerdo. Ele foi examinado e fez um raio-x, que não detectou fratura. A médica pediatra receitou um anti-inflamatório e liberou a criança.

No dia 6 de abril, junto com a delegada Ana Carolina, Damasceno preparou o pedido de prisão temporária do casal. Requisitou também a apreensão do celular da babá e a quebra do sigilo dos dados do aparelho. Em um documento de 43 páginas, eles sustentavam que Monique e Jairinho praticaram um homicídio duplamente qualificado, por tortura e impossibilidade de defesa da vítima. Por isso, as medidas cautelares eram necessárias para garantir a conclusão das investigações.

Com base nas conversas entre Thayna e Monique, o relatório dizia que Henry sofreu violência "após, estranhamente, ter ficado no quarto do casal a portas fechadas sozinho com Jairinho, queixar-se de dor no joelho, mancar e pedir para que não fosse lavada sua cabeça, pois essa estava doendo". Os delegados acrescentaram que ficava evidente uma rotina de terror psicológico imposta por Jairinho a uma criança de apenas 4 anos.

Para eles, estava claro que Jairinho, Monique e Thayna mentiram em seus depoimentos: o vereador, por dizer que tinha ótima relação com Henry; Monique, por se omitir e afirmar que não sabia de qualquer episódio praticado pelo namorado; e Thayna, ao narrar que não percebera nada de anormal na criança nem ter visto marca de violência.

Os delegados citaram ainda o depoimento de Leniel. O engenheiro disse que, ao entregar o filho a Monique na noite de 7 de março, Henry havia chorado, vomitado de nervoso, e não queria voltar ao apartamento onde morava com a mãe e o padrasto. O relatório acrescentou que o menino saiu do estado de saúde pleno na noite de domingo "para óbito mesmo antes de chegar ao hospital, sendo que em tal período estava apenas na companhia de Monique e Jairinho".

Os delegados também sustentaram que Monique não afastou o filho do agressor e tentou proteger Jairinho, mesmo sabendo da violência que praticava. Em relação a Thayna, o documento dizia que ela também mentiu e mostrou haver "fortes indícios de que os investigados estão influenciando testemunhas".

A representação pela prisão do casal e apreensão do celular da babá foi inserida virtualmente no sistema da Polícia Civil na tarde de 6 de abril. Horas depois, o promotor Marcos Kac entregou à juíza Elizabeth Machado Louro, titular do II Tribunal do Júri, sua manifestação sobre o caso. Ele foi a favor da decisão de Damasceno e destacou em seu parecer: "Existem fundadas razões indicativas da autoria dos apontados indivíduos na prática do fato delituoso".

No fim da noite seguinte, a juíza deferiu a prisão temporária de Monique e Jairinho, além da busca e apreensão do telefone de Thayna. Em sua decisão, Elizabeth Machado Louro garantiu que os indícios colhidos até então "revelam-se suficientes para apontar possível responsabilidade de ambos pelos fatos em apuração, em que pese ainda permanecerem nebulosas algumas circunstâncias".

No documento de três páginas, a juíza destacou a troca de mensagens entre Monique e Thayna, 24 dias antes da morte de Henry: "A criança vinha sendo alvo de abusos físicos, que deixaram vestígios, inclusive praticados enquanto o menino, estranhamente, encontrava-se trancado no quarto com o investigado Jairo. No entanto, ambos os investigados, ouvidos ainda como testemunhas, negaram terem jamais notado qualquer anormalidade na vítima; assim também se comportaram outras testemunhas, todas ligadas aos dois investigados, inclusive a avó materna da vítima, e prestando depoimentos em franco descompasso com os extratos de conversas já mencionados", escreveu a magistrada.

No despacho, a juíza reprovou as atitudes de Monique: "Ela segue tomando atitudes típicas de quem omite ou falta com a verdade, colaborando e aderindo a conduta de seu parceiro de influenciar testemunhas, inobstante devesse ser a principal interessada em chegar à verdade dos fatos".

21
Defesa nas redes sociais

Com o cerco se fechando, Jairinho e Monique contrataram por duas semanas uma equipe de oito profissionais de comunicação – jornalistas, cinegrafista, editor, designer, redator e especialista em mídias sociais – para contar a versão deles sobre a morte de Henry. O contrato previa a criação de um site e de páginas em redes sociais, além de media training, entrevistas em videoblog, publicação de notas em sites de notícias e relacionamento com jornalistas da grande imprensa que cobriam o caso. A proposta incluía um trabalho junto à assessoria de comunicação da Câmara dos Vereadores. O contrato foi negociado diretamente por Jairinho e fechado ao custo de R$ 49.900. Ele chegou a reclamar do valor, mas logo foi convencido da urgência do serviço: "Cada minuto é muito importante agora", disse um dos seus interlocutores, por mensagem. "Vamos fazer de imediato", respondeu o vereador.

A conta no Instagram foi aberta com o nome de Henry e, na descrição, havia a informação de que o objetivo era "esclarecer a verdade" sobre o caso. Em 48 horas, foram postadas 18 fotos de Monique com o menino na praia, na cama e na piscina. Com as imagens, havia mensagens como: "Eu já perdi o que tinha de mais importante na minha vida. Estou nos braços de Deus", "Você é o melhor filho que uma mãe poderia ter. Teve a melhor família que poderia ter. Você só conheceu o amor" e "São em tempos de incerteza que a nossa fé se fortalece". Todas as publicações, no entanto, foram apagadas um dia depois.

Na sequência, houve quatro novos posts, com relatos de supostas testemunhas. Com os rostos cobertos, elas rebatiam as acusações de agressões feitas por Natasha, ex-namorada de Jairinho. Um homem que se dizia amigo do vereador e três mulheres que trabalhavam com ele apresentaram outra versão para o relato de Natasha. Afirmavam que a moça se apaixonou pelo parlamentar enquanto ele era casado e perturbou a sua vida e a da ex-mulher, Ana Carolina Ferreira Netto.

Até 7 de abril, as quatro publicações feitas no perfil Henry Borel Medeiros tinham cerca de 500 comentários, a grande maioria com críticas a Monique e a Jairinho. "É um perfil de Instagram que vai esclarecer a verdade? Com esses depoimentos que não querem dizer absolutamente nada?", provocou uma mulher. Muitos dos internautas usavam a hashtag #justiçaporhenryborel.

Habituada a usar o Instagram, Monique reclamou com Cristiane Izidoro dos perfis criados pela equipe de comunicação: "Tem que tirar os comentários. Estão bizarros. Minha opinião: começou sem pé nem cabeça, com quatro testemunhas. Deveria vir do que se trata, nossas teses contra e depois as testemunhas. Não tem nada a ver com nada. E os comentários estão liberados. Lembrem-se: o mundo está contra nós".

Minutos depois, ela deu orientações: "Tem que desativar os comentários. Porque está feio. E reorganizar o Insta. Apagar o que colocaram. Primeiro: fazer uma apresentação e fundamentação do que é o Insta e para que serve. Toda narrativa começa com início, meio e fim". E finalizou: "Temos que primeiro olhar com os olhos da população que está toda contra. Temos que ler os comentários e pensar com a cabeça dos outros". As postagens foram apagadas.

Pouco depois, o advogado André França Barreto fez três publicações no perfil. Em um texto, anexado a um dos vídeos, o casal agradeceu às mensagens de carinho e apoio: "Estamos certos de nossa inocência, confiamos nas autoridades e acreditamos que a Justiça prevalecerá a qualquer especulação oportunista". A jornalistas, o advogado informou que as páginas foram criadas para apresentar fatos importantes "diante da repercussão e das variadas informações desencontradas sobre o caso Henry, seguidas de acusações absurdas e infundadas".

Avesso às redes sociais desde o casamento com Monique, o engenheiro Leniel Borel de Almeida já havia criado um perfil no Instagram no dia 10 de março para homenagear o filho: "Hoje começo uma história no pior dia da minha vida. Um novo recomeço, uma nova história, porém sem o amor da minha vida ao meu lado. Henry, você sempre estará no meu coração. Papai vai fazer de tudo para estar ao seu lado em breve. Deus, cuide do meu anjo por mim. Ele é seu!".

Leniel passou a publicar fotos e mensagens em referência ao menino. O perfil, que só na primeira semana ganhou mil seguidores, em novembro de 2021 já contava com mais de 460 mil - páginas *fakes* chegaram a ser criadas em nome dele e da criança. "Henry era perfeito. As palavras são poucas para definir meu filho. É muito para um pai receber um laudo do IML como esse. Só quero saber o que houve com ele", escreveu, emocionado, em um dos primeiros posts.

* * *

Na manhã de 5 de abril, Cristiane enviou mensagem para Jairinho avisando que iria marcar uma consulta, para aquele mesmo dia, com um psiquiatra que lhe fora indicado. "Às 13h30 vou saber o horário. Não pode faltar. Imprescindível". Em seguida, escreveu para o profissional que atendia em Copacabana: "Seria ótimo se conseguisse um laudo de um psiquiatra para falar que o vereador não tem nenhum transtorno de personalidade ou algo que aponte para uma personalidade agressiva ou sádica. Teria que ser, de preferência, um nome de inquestionável capacidade e não um médico que atenda Jairinho regularmente".

Quase quatro horas depois, o psiquiatra respondeu à assessora, recusando-se a atender Jairinho: "Olá. Desculpe, mas não tenho como atender. Questões pessoais minhas, prefiro não ter envolvimento eventual com a mídia. Disse isso ao Dr. Jairo".

* * *

No dia seguinte, 6 de abril, Thalita mandou mensagem ao irmão Jairinho informando que recebera intimação para depor na delegacia. O vereador respondeu mostrando preocupação com a ex-mulher, Ana Carolina. "Me liga depois. Cuida da Ana. Cris e André não estão acolhendo a Ana", escreveu, citando Cristiane Izidoro e André França Barreto. "Amanhã tem que passar o dia com ela. Tá atacada", orientou Jairinho.

À 0h07 do dia 8, o vereador voltou a mandar mensagem para a irmã sobre o assunto: "Tem que fazer carinho na Ana. Conseguiu falar com ela? Cuida da Ana. Precisamos dela". Menos de seis horas depois, Jairinho e Monique seriam surpreendidos pelos policiais da 16ª DP, com mandados de prisão temporária contra eles.

22
Monique e Jairinho são presos

A operação para a prisão temporária de Jairinho e Monique, por 30 dias, começou na manhã de 7 de abril, um mês após a morte de Henry. O delegado Henrique Damasceno, titular da 16ª DP, mobilizou parte de sua equipe para vigiar endereços em Bangu onde moravam as famílias do casal. Às 7h, em veículos descaracterizados, os oficiais de cartório Marcos Roberto de Souza Rodrigues e Felipe Milhomem chegaram à casa dos pais da professora, na Rua Boiobi. Permaneceram lá por duas horas e meia. Seguiram para a Avenida Ministro Ary Franco, onde viviam os pais e a irmã do vereador. Um Renault Kwid estacionou na porta da residência e uma mulher entrou no veículo, que foi seguido pelos policiais.

O carro parou em um supermercado, onde a mulher fez compras, e partiu rumo à Rua Ceres. No local, o motorista desceu e entrou num imóvel de uma tia de Jairinho, onde ele passou parte de sua juventude. Marcos Roberto e Felipe, então, retornaram à Ministro Ary Franco e viram um Jeep Renegade sair da garagem da casa do vereador, com um motorista e outra pessoa no banco do carona. Também seguiram em direção à casa da Rua Ceres.

Os policiais informavam tudo em tempo real ao delegado e a Cleinadel Franklin, chefe do Setor de Investigação – atual

Grupo de Investigação Complementar –, por meio de um grupo no WhatsApp. Poucas horas depois, o Renegade retornou à casa de Jairinho.

Enquanto isso, os inspetores Mendel Naschpitz e Marcio Blunk vigiavam a casa dos avós maternos de Henry. Nesse intervalo, o Kwid chegou lá e o casal desembarcou do veículo. Por volta das 20h30, Jairinho e Monique voltaram à Rua Ceres e de lá não saíram mais. A partir desse momento, duas equipes da 16ª DP se posicionaram próximas ao imóvel. Franklin se juntou ao inspetor Ricardo Rezende e formou uma terceira equipe para espreitar o lugar onde estavam a professora e o vereador.

Com a expedição dos mandados de prisão, outros 20 policiais chegaram à 16ª DP para atuar na operação. Eram 3h da madrugada de 8 de abril. Os agentes se dividiram em dois grupos, liderados pelos dois delegados – Henrique Damasceno e Ana Carolina Medeiros – e partiram em direção a Bangu, a 36 quilômetros da delegacia. Todos vestiam blusas cinzas escuras do uniforme de operações da Polícia Civil do Rio e usavam distintivos.

Antes das 6h, as viaturas de Henrique e Ana Carolina chegaram ao imóvel da Rua Ceres. Os policiais tocaram a campainha e gritaram pelos nomes de Jairinho e Monique. Não foram atendidos. Pularam o muro amarelo de cerca de três metros de altura e entraram na residência. Vasculharam o primeiro andar e não encontraram o casal. Quando Henrique e o inspetor Rodrigo subiam a escada de acesso ao segundo pavimento, escutaram um barulho no quintal. Franklin e Felipe, que vinham logo atrás, voltaram e flagraram o momento em que dois celulares foram arremessados do basculante do banheiro do quarto onde Monique e Jairinho estavam. Os agentes encaminharam os aparelhos à perícia do Instituto de Criminalística Carlos Éboli (ICCE).

Jairinho usava um short de pijama e foi conduzido pelos agentes até o corredor. Monique, que estava de camisa de manga comprida e calcinha, ficou no quarto com a delegada Ana Carolina. Ao ser comunicada da prisão do casal, a professora perguntou: "O que a gente fez?". "Você sabe", respondeu a policial. Ao lado da cama, havia uma mala de rodinhas aberta com roupas dos dois. Monique botou uma calça preta e uma camisa da mesma cor, com bolinhas brancas. Jairinho vestiu uma camisa polo preta, bermuda jeans escura e tênis branco. Eles foram colocados no banco de trás de uma viatura e levados para a 16ª DP. No trajeto, reclamaram do assédio da imprensa, que acompanhava o comboio com carros e helicópteros. Já próximos da delegacia, por conta das ruas mais estreitas e do trânsito lento, os policiais foram aplaudidos. O casal era vaiado e alvo de berros como "assassinos!" e "justiça". Na porta da distrital, pelo menos 30 repórteres, fotógrafos e cinegrafistas os aguardavam.

Algemados, Jairinho e Monique foram para celas separadas, nos fundos do primeiro andar da delegacia. Cerca de uma hora depois, o vereador prestou depoimento ao delegado Adriano França, titular da Delegacia da Criança e do Adolescente Vítima, sobre o inquérito aberto para apurar as supostas agressões à cabeleireira Natasha e a sua filha, à época com 3 anos.

Por 40 minutos, Jairinho contou que eles começaram a se relacionar em dezembro de 2010, e que ficou com Natasha por cerca de dois anos, com finalidade "sexual". Disse que os encontros aconteciam em seu flat, no Recreio dos Bandeirantes, e na casa dela, em Bangu. Afirmou que os dois se davam bem e o único empecilho era a insistência de Natasha para que se separasse de Ana Carolina, mãe de dois dos seus três filhos.

Jairinho disse que mantinha uma relação amistosa e sem intimidades com a filha da cabeleireira. Negou que tivesse saído sozinho com a criança ou que a tivesse levado a qualquer lugar com piscina. Ele contestou também as informações de que havia torcido o braço da menina e falou do episódio em que a forçou a entrar no carro na saída de um restaurante. Segundo o vereador, a discussão fora provocada por ciúmes de Natasha. Jairinho disse que a cabeleireira enviava mensagens ofensivas às suas duas ex-mulheres.

No início da tarde, o casal foi escoltado ao Instituto Médico Legal para exame de corpo de delito e depois, transferido para a Polinter, unidade da Polícia Civil localizada na Cidade da Polícia, no bairro do Jacaré, na Zona Norte. O complexo abriga as delegacias especializadas e um auditório, onde os delegados Henrique Damasceno e Ana Carolina Medeiros deram uma entrevista coletiva. Ao lado do diretor do Departamento Geral de Polícia da Capital, Antenor Lopes, e do promotor Marcos Kac, falaram sobre as investigações por quase duas horas e responderam a perguntas dos jornalistas.

"Não resta a menor dúvida, em relação aos elementos que nós temos, sobre a autoria e participação dos dois no crime", disse Damasceno. O delegado também justificou a prisão de Monique: "Ela apresentou uma declaração mentirosa, protegendo o assassino do próprio filho. Ela não só se omitiu, quando a lei exigia que ela deveria fazer *(relatar o crime)*, como também concordou com esse resultado".

O delegado Antenor Lopes complementou: "Hoje temos todos os elementos probatórios e podemos, sim, afirmar que reunimos provas de que Henry foi assassinado e não vítima de um acidente doméstico". Ele exaltou o trabalho dos investigadores, da equipe médica do Hospital Barra D'Or, e a postura do executivo Pablo Meneses, que não cedeu a pressões de Jairinho para liberar o corpo de Henry sem o encaminhamento ao IML: "O corpo não sofreria a perícia e não teríamos como afirmar que essa criança foi assassinada. O executivo percebeu que o pedido não tinha razoabilidade e colaborou com as investigações. É mais uma prova importante também".

Antes que terminasse a coletiva, Monique e Jairinho foram

encaminhados em duas viaturas da Secretaria de Estado de Administração Penitenciária (Seap) à Cadeia Pública José Frederico Marques, em Benfica, também na Zona Norte, considerada a porta de entrada do sistema prisional do Rio. Imagens de câmeras de segurança do local mostraram ambos desembarcando às 13h16. Dois minutos depois, já na sala de triagem, tiveram as algemas retiradas e foram levados à sala de classificação, onde são checados os documentos e informações sobre o preso.

Às 13h32, as câmeras mostraram Jairinho e Monique já com o uniforme do presídio e escoltados por agentes a outro ponto da cadeia. Cerca de 20 minutos depois, os dois deixaram a parte interna da unidade. Às 15h04, sentaram-se lado a lado para assinar documentos. Conversaram entre si no local por cerca de 15 minutos. Nesse intervalo, ambos também passaram por uma audiência de custódia na qual o juiz Antonio Luiz da Fonseca Lucchese manteve a prisão temporária por 30 dias.

Às 15h26, o vídeo encerrava com Jairinho sozinho. Três minutos depois, as gravações recomeçaram com o ex-vereador sentado numa cadeira, comendo um sanduíche e conversando com o diretor da unidade, Ricardo Larrubia da Gama, sentado a seu lado. Não havia imagens que mostrassem quem tinha levado o lanche para ele.

Às 16h11, Jairinho caminhou em direção a uma viatura branca e, três minutos depois, deixou o presídio. Monique entrou em um carro semelhante e saiu um pouco antes, às 16h06. Ele seguiu para o Presídio Pedrolino Werling de Oliveira, conhecido como Bangu 8, no Complexo de Gericinó, em Bangu. Ela foi para o Instituto Penal Ismael Sirieiro, em Niterói.

No dia seguinte, o casal foi acusado de receber regalias por parte de servidores da Seap nas três horas em que esteve na Cadeia Pública José Frederico Marques – por terem conversado entre si e por causa do sanduíche que Jairinho comeu ao lado do diretor da unidade. Com a divulgação das imagens, Ricardo Larrubia da Gama pediu exoneração do cargo e os vídeos foram enviados ao Ministério Público Estadual.

* * *

Três meses depois, o promotor Murilo Nunes de Bustamante, da Promotoria de Justiça de Tutela Coletiva do Sistema Prisional e Direitos Humanos, concluiu que não houve "ocorrência de descumprimento de regras ou disposição normativa reguladora dos procedimentos de acolhimento, triagem, classificação e tratamento penitenciário conferido aos internos". Portanto, não se justificava a instauração de processo.

Em um documento de 18 páginas, Bustamante afirmou que o material analisado mostrou que Jairinho e Monique foram devidamente cadastrados, com dados completos de identificação e registros fotográficos. Segundo ele, não houve regalias ou qualquer ilegalidade na breve conversa que o casal manteve. O promotor considerou normal o diretor da cadeia ter sentado ao lado de Jairinho por alguns minutos: "As cadeiras existentes no local, em frente à guarita de segurança, são ali instaladas justamente para serem utilizadas, inclusive por internos no caso de necessidade e possibilidade".

23
Laudos confirmam crime

Na mesma manhã de 8 de abril, dia da prisão de Jairinho, as executivas nacional e estadual do Solidariedade, partido do vereador, anunciaram sua expulsão sumária. Em um comunicado, a legenda informou que o parlamentar já estava afastado e licenciado: "Enquanto um partido que luta por um futuro melhor para os brasileiros, manifestamos nosso repúdio a todo e qualquer tipo de maus-tratos e violência, principalmente contra crianças e adolescentes".

À tarde, o Conselho Regional de Medicina do Estado do Rio abriu uma sindicância interna em sigilo, seguindo o Código de Processo Ético-Profissional, para apurar a situação do vereador, cuja inscrição no site do órgão aparecia como "ativa", mas sem nenhuma especialidade discriminada.

À noite, Jairinho teve o salário suspenso pela Câmara de Vereadores. Numa reunião dos membros do Conselho de Ética e Decoro Parlamentar com o procurador-geral da Casa, José Luis Minc, na Sala das Comissões, foi decidido o seu afastamento e feita uma representação contra ele por falta de decoro.

Quem assumiu a cadeira de Jairinho no Conselho foi o vereador Luiz Ramos Filho. "Vamos pedir para ter acesso aos autos para fazer uma provável representação contra o vereador. Mas tomando toda cautela", disse, em nota. O presidente da Câmara, Carlo Caiado, discursou: "É com profunda tristeza que recebemos as notícias dos últimos dias. Sou pai de duas filhas e não consigo imaginar a dor. Uma vida, independente de quem seja, é sagrada e, em se tratando de uma criança, nos causa ainda mais perplexidade".

Durante a reunião, o presidente do Conselho de Ética, vereador Alexandre Isquierdo, disse que as denúncias poderiam resultar na cassação do mandato de Jairinho. Os ânimos ficaram exaltados: José Luis Minc explicou que não havia fundamento jurídico para afastá-lo imediatamente. A vereadora Teresa Bergher rebateu e insistiu que fosse modificado o regimento da Casa. "Fui voto vencido, mas vou continuar batalhando para alterar esta regra absurda, que diz que o preso só pode ser afastado depois de um mês. Estamos diante da possibilidade de um homicídio duplamente qualificado. Como é que alguém preso pode continuar exercendo um mandato?", lamentou Teresa, em entrevista ao jornal "O Globo".

* * *

Presos em cadeias diferentes, Monique e Jairinho começaram a cumprir o isolamento de 14 dias antes de terem contato com outros detentos. A medida era um protocolo para evitar a disseminação do coronavírus nos presídios e permitia somente as visitas dos advogados de cada um deles. Jairinho ficou numa cela de seis metros quadrados, com um beliche de alvenaria, vaso sanitário, pia e chuveiro – mesma cela onde, em junho de 2020, esteve Fabrício Queiroz, ex-assessor e ex-motorista de Flávio Bolsonaro.

Passada a quarentena, o vereador se juntou aos demais detentos do Presídio Pedrolino Werling de Oliveira, destinado a quem tem diploma de curso superior ou envolvimento na Operação Lava Jato. A unidade é dividida em cinco galerias. Na que ficou Jairinho, a D, estava o ex-policial militar Flavio Melo, que cumpria pena por tráfico e chegou a ser investigado por fazer segurança para Sérgio Cabral dentro da Cadeia Pública José Frederico Marques. Na galeria E, estava o próprio ex-governador. Assim como os outros presos, Jairinho passou a usar camisa branca e short azul. Tinha direito a quatro refeições por dia e a duas horas de banho de sol à tarde.

Já Monique ficou também em uma cela individual, de seis metros quadrados, com um beliche com colchonetes, pia, vaso sanitário e chuveiro de água fria. Diagnosticada com uma infecção urinária quatro dias após a prisão, foi levada ao Hospital Penitenciário Dr. Hamilton Agostinho de Castro, no Complexo de Gericinó, em Bangu, medicada e liberada.

No dia seguinte à prisão da professora, o "Diário Oficial" publicou sua exoneração do Tribunal de Contas do Município e o retorno à Secretaria municipal de Educação.

* * *

Na 16ª DP, o delegado Henrique Damasceno seguia com as investigações. No dia 9 de abril, ouviu a nutricionista Ana Carolina Ferreira Netto, ex-mulher e mãe de dois dos três filhos de Jairinho. Ela contou que soube da morte de Henry por um motorista da família do vereador, que fora buscar em seu consultório contas relativas às despesas das crianças.

Na noite de 8 de março, Ana Carolina disse ter encontrado Jairinho na casa de seus pais, em Bangu, quando levou os filhos no aniversário de Thalita, irmã do vereador. Segundo ela, o clima estava pesado; Jairinho passou a maior parte do tempo no quarto, com o pai, Coronel Jairo. O ex-marido lhe disse apenas que Monique havia achado Henry passando mal e não sabia explicar o que ocorrera.

Ana Carolina contou também que no dia 23 de março recebeu uma ligação de Cristiane Izidoro, pedindo que escrevesse uma carta sobre o relacionamento com Jairinho para ajudar no processo. Além do manuscrito, a nutricionista enviou à assessora prints que mostrariam perseguições de amantes de Jairinho.

Cristiane havia procurado Ana Carolina por ordem do vereador, que a orientou por WhatsApp:

Jairinho – *Carinho nela antes. Faz vídeo com ela.*
Cristiane – *Nome da Ana todo? Quanto tempo de casado?*
Jairinho – *Ana Carolina Ferreira Netto. 14 anos morando juntos. Mais de 20 que nos conhecemos. Fala de vídeo com ela. É preciso. Essa tem que ter calma.*
Cristiane – *Claro. Já dei a missão do advogado para Ana ao Daniel.*
Jairinho – *Sempre dê o endereço dela da casa da mãe. Para não irem na clínica. Não apresenta a Ana para falar porque ela está maluca. Muito.*
Cristiane – *Mas o delegado vai chamar.*

Em 10 de abril, o advogado André França Barreto entrou com um habeas corpus no Tribunal de Justiça do Rio. Afirmou que Jairinho e Monique "se encontram submetidos a manifesto constrangimento ilegal" e que não havia a necessidade de prendê-los. Argumentou que a juíza Elizabeth Machado Louro estava "justificando os arbitrários meios pelos deturpados fins, impulsionada pela tradicional voz das ruas, cujo coro insiste em ecoar pela história das civilizações, perseguindo os hereges de cada era". O desembargador Joaquim Domingos de Almeida Neto negou o habeas corpus. Alegou que havia apurações do inquérito em andamento.

No dia 12, a família de Monique resolveu trocar sua defesa e entrou em contato com o advogado criminalista Hugo Novais, então vice-presidente da Ordem dos Advogados do Brasil da 31ª seção (Bangu), que fora indicado por antigos clientes dele. Novais convidou para dividir o trabalho Thiago Minagé, seu vizinho no escritório e presidente da Associação Brasileira de Advogados Criminalistas (Abracrim) no Rio – que já atuara em casos de repercussão, entre eles a defesa de Eduardo Cunha, ex-presidente da Câmara dos Deputados – e também Thaise Mattar Assad, vice-presidente da Abracrim no Paraná. Juntos, os três protocolaram na 16ª DP uma procuração assinada pela professora, dando poderes a eles.

Os três advogados foram à 16ª DP para ter acesso ao conteúdo das investigações. "Atuaremos com a seriedade e a serenidade que o caso nos exige. A família, pai e mãe da Monique, nos procurou e nos confiou a tarefa de defendê-la. Trabalharemos para que a verdade seja trazida à tona e, quem cometeu algum erro, deve ser responsabilizado sempre na forma da lei, nem mais, nem menos", disse Hugo, em entrevista na porta da delegacia.

Também no dia 12 de abril ficaram prontos os laudos periciais definitivos do caso. O legista Leonardo Tauil, do IML, foi novamente o responsável pelos exames complementares de necrópsia. Num documento de 15 páginas, em que respondeu a 16 questionamentos, o profissional descreveu 23 lesões no corpo da criança. Garantiu que não foram causadas por um acidente doméstico e revelou que Henry morreu entre 23h30 de 7 de março e 3h30 da madrugada do dia 8, confirmando que o menino chegou sem vida ao hospital.

No laudo, todas as lesões foram descritas minuciosamente e o perito explicou, por exemplo, que diferentes equimoses não podem ter sido causadas por uma única ação. Por isso, afirmou que elas eram "sugestivas de diversas ações contundentes e diversos graus de energia". Já as lesões intra-abdominais (rins, fígado, estômago, baço, pâncreas e intestinos) foram de alta energia, provocadas por um impacto mais forte. O corpo de Henry também tinha hemorragias no couro cabeludo na lateral direita, na nuca e na testa, que correspondiam a três ações contundentes.

Já o laudo do Instituto de Criminalística Carlos Éboli afirmou que Henry foi vítima de um homicídio: "Diante do fulcro dos exames realizados no local, através da reprodução simulada, das considerações médico-legais, análises dos artigos científicos, (...)

os Peritos Criminais e Peritos Legistas constituíram elementos técnicos de convicção que descartam a possibilidade de um acidente doméstico (queda), visto que todas as lesões citadas anteriormente apresentavam características condizentes com aquelas produzidas mediante ação violenta (homicídio)".

A análise durante a reconstituição incluiu uma queda da cama (71 centímetros de altura em relação ao piso), do topo do encosto da poltrona (104 centímetros de altura) e até mesmo de outros pontos do quarto, como uma escrivaninha e uma estante. A quantidade de lesões no corpo de Henry, porém, era compatível com mais de uma contusão. O laudo foi assinado pelos peritos criminais Bruno César Santos de Castro, Leandro Ribeiro Pinto, Antônio Moreira Coelho Júnior, Liu Tsun Yael e Denis Guimarães e pelos legistas Leonardo Tauil, Gabriela Graça e Marcos Paulo Salles Machado. O documento trazia ainda análise de literatura médica de seis obras nacionais e internacionais sobre centenas de casos de traumas provocados em crianças, com estatísticas e dados minuciosos.

Tambem faziam parte do material imagens das câmeras de segurança do elevador do Majestic, que comprovavam que Henry já estava morto quando deixou o condomínio no colo de Monique. Segundo o laudo, o menino apresentava "abolição de motilidade e de tônus muscular", indicando que o óbito tinha ocorrido pouco antes. As imagens registraram o casal saindo para o hospital às 4h09, 39 minutos após contarem ter encontrado Henry caído no quarto.

Cabe explicar uma divergência de horários na folha de admissão do Barra D'Or: constava como 3h50 o início do atendimento ao menino, embora a etiqueta gerada automaticamente pelo hospital trouxesse a informação de 4h39 - condizente com o horário de filmagem do elevador do Majestic. Da mesma forma, a intubação também foi registrada às 4h39, cerca de dez minutos depois do procedimento. Isso porque é comum pacientes graves terem seu atendimento iniciado antes da confecção da etiqueta.

24
Babá muda depoimento

Algumas horas depois da conclusão dos laudos, no dia 12 de abril, a babá Thayna de Oliveira Ferreira chegou à 16ª DP para prestar um segundo depoimento. Ao delegado Henrique Damasceno, ela admitiu ter mentido na declaração dada em 24 de março, ao dizer que Jairinho, Monique e Henry viviam em harmonia. Alegou não ter contado à polícia sobre as agressões do vereador a Henry a pedido de Monique.

Thayna afirmou que, dias após o enterro de Henry, recebeu uma ligação de Thalita, irmã de Jairinho, pedindo-lhe para ir ao escritório de André França Barreto; foi ao local levada por um motorista, em companhia da empregada doméstica Leila Rosângela. Ao chegar lá, Monique a orientou para que, quando fosse depor na delegacia, dissesse que nunca tinha visto ou ouvido nada sobre brigas do casal, tampouco agressões de Jairinho a Henry. Segundo ela, a patroa falava de forma impositiva e também pediu para que apagasse todas as mensagens entre as duas. A babá limpou o histórico de conversas no WhatsApp quando ficou sozinha com a professora, numa das salas do escritório.

Logo em seguida, o advogado a chamou, disse que era católico e falou de Deus. Perguntou se Thayna colocaria a mão no fogo por Monique e Jairinho. A babá afirmou que só faria isso por ela própria. André teria dito, então, que não poderia ser assim e que ela, por acreditar em Deus, deveria falar para o mundo o quão boas pessoas eles eram. Leila Rosângela recebeu a mesma orientação, segundo a babá.

Foi neste mesmo dia que o advogado a treinou sobre perguntas que lhe seriam feitas para a reportagem do programa "Domingo espetacular". A equipe da TV Record aguardava as duas funcionárias em uma outra sala do escritório. "Vão te perguntar sobre a relação de Jairinho e Monique e você vai dizer que era boa, né?", instruiu o advogado.

Ao delegado Damasceno, Thayna relatou que o casal brigava quase toda semana, mas de portas fechadas, jamais na frente dela. Afirmou, porém, que ouvia as discussões e que era comum um dos dois fazer as malas para sair de casa. Ela disse que, mesmo após desentendimentos mais intensos, eles estranhamente deixavam o quarto abraçados e se beijando.

No novo depoimento, Thayna narrou três ocasiões em que o vereador teria agredido o menino. Segundo ela, também sabiam das sessões de violência a irmã de Jairinho, Thalita, a avó materna de Henry, Rosângela, e a empregada Leila Rosângela – as duas últimas já haviam prestado depoimento e negado qualquer relação violenta na família.

Um dos episódios, segundo Thayna, ocorreu em 2 de fevereiro, quando Monique jogava futevôlei, de manhã. Henry começou a gritar pela mãe, de seu quarto. Jairinho reclamou com a babá que o menino era mimado e o chamou para uma conversa: ficaram trancados por cerca de 30 minutos no quarto do casal. Do lado de fora, ela disse não ter ouvido barulho.

Quando a criança retornou ao seu quarto, Thayna perguntou o que tinha acontecido e Henry teria respondido que não se lembrava porque "estava com soninho". Mais tarde, sozinha com Monique, narrou a situação. A professora teria dito que perguntaria a Jairinho. Naquela mesma tarde, quando Henry voltou do primeiro dia de aula no Colégio Marista São José, Thayna o levou à brinquedoteca do condomínio. O menino, porém, não quis brincar com as outras crianças; disse que estava com dor no joelho. Ao relatar a queixa a Monique, a professora teria dito que o filho devia estar inventando.

Sobre a tarde de 12 de fevereiro, Thayna acrescentou detalhes que não constavam da troca de mensagens recuperadas no celular de Monique: Jairinho, ao chegar no apartamento, chamou o menino: "Vem aqui que vou te mostrar um negócio que comprei". Logo em seguida, a babá ouviu Henry chamá-la: "Ô tia". Ela caminhou até o quarto, mas a porta estava trancada e com a TV num volume alto, acima do normal. Foi quando, preocupada, ela enviou a primeira mensagem a Monique.

Ao delegado, a babá descreveu que Henry ficou "amuadinho" e reclamou de dor no joelho. A empregada Leila Rosângela, que estava de saída, perguntou se ele havia machucado o pé e o menino teria respondido "banda", sem detalhar o que ocorrera. Só mais tarde, sozinho com a babá, Henry revelou o que tinha acontecido no quarto: Jairinho havia lhe dado uma banda e o chutado. O menino contou que o padrasto sempre fazia isso e mandava que não perturbasse Monique. Caso contrário, iria "pegar ele".

Outro detalhe até então desconhecido do episódio de 12 de fevereiro foi uma ligação de vídeo feita por Thayna para Monique, que estava no salão Walter's Coiffeur, no Shopping Metropolitano. A babá botou Henry para falar com a mãe. Funcionárias do salão, Tereza Cristina dos Santos, Thais Santos Ribeiro e Paloma dos Santos Meireles ouviram o menino chorando e falando coisas como "Mamãe, o tio disse que eu te atrapalho" e "Mamãe, eu te atrapalho?".

As três foram convocadas a depor na 16ª DP. Segundo elas, Monique teria dito a Jairinho, exaltada: "Você nunca mais fale que meu filho me atrapalha, porque ele não me atrapalha em nada!". Em seguida, continuou, numa provável referência à babá. "Você não vai mandá-la embora, porque se ela for embora, eu vou junto. Porque ela cuida muito bem do meu filho. Ela não fez fofoca nenhuma. Quem me contou foi ele". As funcionárias também relataram a seguinte frase de Monique, em voz alta: "Quebra, pode quebrar tudo! Você já está acostumado a fazer isso". Ao encerrar a chamada, a professora perguntou à cabeleireira Tereza se havia algum lugar no shopping que vendesse câmeras.

Monique então teria pedido à profissional para que secasse rapidamente sua franja, porque precisava ir embora. Pagou R$ 254 pelos serviços e saiu apressada. Tereza relatou ainda que uma cliente que estava no salão, também moradora do condomínio Majestic, conhecia Monique e disse que eram comuns brigas e gritarias no apartamento da família.

Em seu segundo depoimento, a babá Thayna disse que, após a discussão com Monique por telefone, Jairinho retornou ao apartamento. Estava alterado e cobrou o menino: "Henry, o que você falou pra sua mãe?", "Você gosta de ver sua mãe triste com o tio?" e "Você mentiu para sua mãe?". Acuada no colo de Thayna, a criança negou que tivesse contado algo à professora.

O vereador pressionou a babá a dizer o que fora conversado. Ela pediu calma ao patrão e sugeriu que o próprio menino falasse a verdade. Henry confirmou que ligara para Monique, contando que fora agredido. Nesse momento, Jairinho repreendeu o enteado, dizendo que ele não poderia mentir para a mãe e que ficava triste por isso.

Quando o vereador se afastou, a babá desceu com Henry para esperar Monique, que chegou ao Majestic por volta das 19h – quase três horas após as primeiras mensagens trocadas com Thayna.

"Nossa, eu vim rápido, ainda borrei minha unha. Me conta, o que aconteceu?", disse ela, nervosa. Foi dentro do carro de Monique, dando voltas pelas ruas nos arredores do condomínio, que a babá – com Henry no colo – narrou em detalhes o que ocorrera. O filho confirmou com a cabeça que tinha sido agredido.

Monique retornou ao apartamento, pegou duas malas e desceu. Iria passar o carnaval com Jairinho e a família dele em Mangaratiba. A professora deixou Thayna em casa, a seis minutos do Majestic, no bairro da Taquara, e seguiu para a casa dos pais, em Bangu. No dia seguinte, Monique e Jairinho viajaram para Mangaratiba, sem Henry. Os dois fizeram fotos na piscina e postagens no Instagram.

Na semana seguinte, de volta do carnaval, Thayna encontrou um raio-x no quarto de hóspedes e perguntou a Monique sobre o exame. A professora lhe disse que o menino reclamara de dores no joelho, mas que "não era nada". A babá ainda lembrou sobre a ideia de instalar câmeras no apartamento, mas a patroa não tocou mais no assunto.

Thayna disse ter presenciado o terceiro episódio de agressão no fim de fevereiro. Jairinho chegara excepcionalmente mais cedo do trabalho e Monique estava na academia. Novamente ele se trancou no quarto do casal com Henry. Cerca de três minutos depois, o menino – visivelmente intimidado, segundo a babá – disse que caíra da cama e que estava com a cabeça doendo. A professora chegou em seguida, foi informada sobre o ocorrido e começou a questionar o filho: "Henry, é verdade? Você caiu da cama?".

* * *

No dia em que esteve no escritório do advogado André França Barreto, Thayna recebeu uma ligação de Thalita, pedindo que fosse a sua casa. A irmã de Jairinho falou para a babá contar o que sabia. Mas no momento em que narrava em detalhes os episódios de agressão foi interrompida. Thalita disse que ela não podia ser a juíza do caso envolvendo o vereador. "Menos é mais", falou, dando a entender que não deveria revelar tudo, porque a família estava sofrendo muito. A irmã de Jairinho também conferiu o celular da babá para se certificar de que ela apagara a troca de mensagens com Monique, do dia 12 de fevereiro.

Em seu segundo depoimento, a babá disse que, da primeira vez em que esteve na delegacia, sentiu medo de dizer a verdade porque viu o que Jairinho era capaz de fazer. Na época, ela ficou preocupada porque sua mãe também trabalhava para a família do vereador e seu noivo, Erick Machado Pigliasco, conseguira emprego no setor de Prestação de Contas da Prefeitura do Rio por indicação do parlamentar. Além disso, Thayna lembrou que, ao entregar o convite de seu noivado a Monique e Jairinho, em 13 de fevereiro, o casal lhe presenteara com uma cama no valor de R$ 1.300.

* * *

Por causa do segundo depoimento de Thayna, o delegado Henrique Damasceno determinou que fossem ouvidas outras testemunhas. A empregada doméstica Leila Rosângela foi intimada a comparecer novamente à 16ª DP. Ela disse à delegada Ana Carolina Medeiros que acrescentaria informações à declaração dada 21 dias antes, quando Monique e Jairinho ainda estavam soltos.

Sobre o dia 12 de fevereiro, no período em que permaneceu no apartamento, Leila Rosângela repetiu tudo o que fora narrado por Thayna. Contou que, mais tarde, ligou duas vezes para a babá para ter notícias de Henry. Ela admitiu que estranhou os acontecimentos, mas nunca mais tocou no assunto. A empregada disse ainda que Monique, Jairinho e Henry tomavam muitos remédios. Só o menino, eram três por dia, além de xarope de maracujá. A mãe justificava que o menino "não dormia direito" e "passava muito tempo acordado". Indagada pela delegada Ana Carolina sobre por que não abordara esses fatos no primeiro depoimento, Rosângela disse que não se recordara de alguns acontecimentos.

Ainda naquela tarde de 14 de abril, os novos advogados de Monique protocolaram uma petição no cartório da 16ª DP para que a cliente prestasse outro depoimento. "A nossa estratégia é que ela diga a verdade. A prisão de Monique foi a melhor coisa que aconteceu, foi a libertação contra a opressão e o medo. E a Monique precisa ser ouvida, até agora ela não falou por ela", disse a advogada Thaise Mattar Assad aos jornalistas, na porta da delegacia.

À noite, foi a vez de Thalita, irmã de Jairinho, entrar na sala do delegado Damasceno, acompanhada pela advogada Daniela Laboragine. Ela também fora convocada a prestar esclarecimentos, depois do segundo depoimento da babá Thayna. Thalita falou que conhecia Monique desde novembro de 2020, quando Jairinho a apresentou à família como sua namorada.

Thalita negou que o irmão tivesse feito algum comentário sobre Henry, mas disse que Monique revelou ter levado o filho a um psicológico pela dificuldade que o menino tinha de aceitar sua relação com o vereador. Ela acrescentou que, após a morte de Henry, Jairinho relatou que a criança havia passado mal. Após a conclusão da necrópsia, segundo ela, o vereador falou acreditar que o enteado caíra da cama. Thalita também negou que a babá tenha lhe contado algo de anormal ou algum evento estranho no dia 12 de fevereiro.

* * *

O advogado André França Barreto renunciou à defesa de Jairinho em 14 de abril, dois dias depois do segundo depoimento da babá Thayna. Em nota à imprensa, ele explicou: "Desde o momento da outorga de poderes a este escritório por Jairo Souza Santos Júnior (Dr. Jairinho) e Monique Medeiros da Costa e Silva, a todo o momento os constituintes afirmaram a sua inocência, motivo pelo qual inexistia impedimento para a defesa conjunta de ambos. No entanto, no dia 12 de abril de 2021, a constituinte Monique nomeou um novo patrono. Por tal razão, estes advogados, reafirmando a sua conduta ética, segundo a qual sempre pautaram a atuação, na forma do artigo 20 do Código de Ética da OAB, e após prévio entendimento com os dois, informam a renúncia ao mandato conferido pelos outorgantes, a fim de evitar eventuais conflitos de interesses".

Braz Sant'Anna, advogado com larga experiência em júris e que já tinha atuado como defensor público, foi indicado ao Coronel Jairo para assumir a defesa de seu filho.

No dia 19 de abril, o Diário da Câmara Municipal publicou o afastamento de Jairinho da presidência da Comissão de Justiça e Redação. A decisão foi do presidente Carlo Caiado, após o partido Solidariedade formalizar sua expulsão.

25
A carta de Monique

O segundo depoimento da babá Thayna provocou uma reviravolta não só nas investigações, como também na estratégia de defesa de Monique. Hugo Novais, Thiago Minagé e Thaise Mattar Assad, seus novos advogados, insistiam para que a cliente prestasse outro depoimento. "Se várias pessoas foram ouvidas novamente, não tem sentido deixar de ouvir Monique. Logo ela que tanto tem a esclarecer. Não crê a defesa que exista algum motivo oculto para 'calar Monique' ou não se buscar a verdade por completo. A defesa observou que há repetição de um comportamento padrão de violência contra mulheres e crianças. Neste lamentável caso, a diferença foi a morte da criança", dizia um trecho do comunicado à imprensa.

No dia 19 de abril, após exame no Instituto Penal Ismael Sirieiro, em Niterói, Monique foi diagnosticada com Covid-19 e encaminhada ao Hospital Municipal Albert Schweitzer, em Realengo, na Zona Oeste do Rio, onde passou por uma tomografia computadorizada. O exame mostrou que 5% dos pulmões dela estavam comprometidos pela doença.

A professora foi transferida para o Hospital Penitenciário Hamilton Agostinho, no Complexo de Gericinó, em Bangu, onde ficou isolada por 11 dias. Neste período, ela escreveu uma carta de

29 páginas, divulgada em 25 de abril pelo "Fantástico", da Rede Globo. No texto escrito à mão, em papel branco, Monique falava sobre a saudade de Henry, os problemas do fim do casamento com Leniel, o início do namoro com Jairinho e o excesso de ciúmes por parte dele. Também narrou o que aconteceu na madrugada da morte do menino, quando teria sido orientada a mentir:

> Estou sofrendo muito. Não há um dia que eu não chore pela morte do meu filho. Sinto falta dele e da minha família. Vocês são as únicas pessoas que eu consigo ter algum contato com o mundo do lado de fora. Não tenho acesso à informação, não sei o que está acontecendo, mas tenho me agarrado em Deus para suportar o insuportável.
> Meu coração sangra quando as lágrimas cessam. Sempre fui uma pessoa boa e não mereço estar sendo condenada por um crime que eu não cometi. Nunca acobertei maldade ou crueldade em relação ao Henry. Nunca encostei um dedo nele, nunca bati no meu filho, fui a melhor mãe que ele poderia ter tido. Minha vida hoje não faz mais sentido. Eu não sabia, mas estava sendo manipulada durante todo o tempo em um relacionamento que me oprimia e eu não sabia como sair.
> Meus pais são pessoas boas, humildes, com caráter, mas não têm outro lugar para ficar. Temo pela vida deles. Jairinho emprega mais de uma centena de pessoas, é influente, conhece as pessoas mais ricas dessa cidade, têm informações privilegiadas e comanda muita coisa em nosso bairro.
> Eu tentava a todo custo me afastar e me desvincular dele, mas fui diversas vezes ameaçada e minha família também. (...)
> Conheci o Jairinho em um período que eu estava muito fragilizada. Ano de pandemia, eu e meu marido estávamos vivendo sob o mesmo teto, porém em crise. (...) A gente só sabia brigar, discutir e nos desentender e infelizmente o Henry presenciava tudo. Eu estava sobrecarregada com os afazeres domésticos, pois morávamos em uma cobertura no Recreio grande, onde eu fazia tudo sozinha. (...)

Pedi muito que tudo fosse diferente, que ele pudesse dar mais atenção a nós, mas ele dizia que o trabalho estava puxado demais. Eu também trabalhava, mas tinha que dar conta de tudo. Foi quando decidi separar! Como ele não saiu de casa, eu tive que pegar meu filho e carregar comigo, pois eu tinha uma casa no terreno dos meus pais que construímos no início do relacionamento, quando ele ficou desempregado. Meus pais sempre o acolheram como um filho e Leniel sempre foi muito amado por toda a minha família. Infelizmente, hoje vejo que tomei uma atitude errada.

Daria qualquer coisa para ter minha família de volta, acordar vendo meu filho sorrir, acompanhar o desenvolvimento dele, receber seu carinho diário, ouvir dezenas de vezes como eu era linda, contar todas as histórias de monstros, castelos e príncipes, ver ele escrevendo suas primeiras palavras, correndo pelo quintal atrás da cadela Olívia, andando de patinete... Só Deus sabe e pode mensurar a dor e o buraco que existem em meu coração.

Jairinho chegou em minha vida nesse momento. Nos conhecemos pelo Instagram e no dia 31/08/2020 fomos almoçar em um restaurante na Barra. Um homem inteligente, charmoso, persuasivo, influente, na véspera de começar sua campanha eleitoral. Conversamos sobre os problemas da minha comunidade, onde eu era diretora de uma escola pública municipal no bairro de Senador Camará desde 2018, mas onde eu lecionava para crianças desde 2011. Eu cuidava de 400 crianças, cuidava de suas famílias, dos meus funcionários e do entorno do colégio, como das próprias instalações da unidade escolar. Minha vocação sempre foi cuidar de crianças e de pessoas. Cansei de colocar dinheiro do meu próprio bolso para que não faltasse aos meus alunos. Quem trabalhou comigo sabe a pessoa que sou e sempre fui. (...)

Minha mãe não aceitava o fim do meu casamento e não aceitava o início de outro. Dizia que se eu estava terminando, que eu fizesse dar certo, até porque eu tinha um filho de 4 anos e não queria ficar apresentando várias pessoas ao meu filho, só quando tivesse certeza.

Sutilmente, Jairinho começou me pedindo para apagar muitas fotos do meu Instagram, que eu não poderia ter muita exposição, que muita gente poderia ter uma visão diferente do que eu era, e não vi nada demais e apaguei. Depois, ele começou a pedir que eu parasse de responder mensagens de amigos homens, então eu parei. Depois, ele começou a pedir que eu bloqueasse esses amigos para que não tivessem acesso a mim, assim eu fiz.

As campanhas então começaram e não nos víamos mais com tanta frequência, ele me ligava por dia pelo menos umas 20 vezes, colocou localizador no meu telefone e sempre pedia que eu mandasse foto. Minha vida era: Henry, trabalho e uma hora que eu treinava na academia.

Jairinho começou a ter ciúmes de eu ir na academia e até colocou gente para me seguir e tirar foto de mim malhando para saber com qual roupa eu estava indo treinar. Daí os ciúmes foram só piorando e ele começou a ter muito do Leniel. Pois depois que nos separamos, Leniel voltou para a igreja e estava tentando consertar a parte que lhe cabia e começamos a conseguir voltar a nos falar melhor e sem brigas.

No final de outubro, eu e Henry estávamos almoçando no BarraShopping e ele me ligou dizendo que tinha visto meu localizador e resolveu aparecer de surpresa. Fiquei com receio pelo Henry, mas ele estava cheio de brinquedos e pensei que nem fosse notar. Mas, quando Jairinho chegou, a primeira coisa que Henry perguntou foi quem era. E eu respondi que era o médico da mamãe. Então meu filho perguntou: mamãe, posso dar um abraço apertado no seu médico?

Só de lembrar dessa cena meu coração dói. Meu menino era uma criança muito boa, muito amável e ali eles se abraçaram, fizeram desenhos de animais, brincaram de mágico e foi um encontro perfeito. Meu filho ficou falando dele sem parar e meu coração se encheu de felicidade e esperança pela aceitação do meu filho com ele.

Assim, ele começou a nos visitar com mais frequência, levava presentes para o Henry, chocolates, brincávamos e, aos finais de semana, Leniel começou a pegar o Henry. Mas meu filho começou a voltar confuso, com Leniel perguntando quem era o médico da mamãe, qual o nome, o que nós fazíamos e Henry começou a ter uma certa resistência para ir ver o pai. Mesmo assim, eu e minha família dávamos todo o suporte para Henry não ficar confuso e começamos a conversar mais com Leniel para não confundir a cabeça do meu filho.

Vésperas de ganhar a eleição, Jairinho disse que já tinha 42 anos, que não tinha mais idade e tempo para desperdiçar, que queria me apresentar ao filho dele (que são 3), que iria alugar um apartamento para morarmos e iniciarmos uma família. Falei que era muito cedo, que mal nos conhecíamos, que aceitaria se fosse mais pra frente. Então ele ganhou e começamos a escolher o lugar onde moraríamos. Mas com uma condição: que me divorciasse no papel.

Então pedi para Leniel entrar com uma ação de divórcio e de guarda de Henry e depois dividiríamos nossos bens, que eram cinco apartamentos no Itanhangá, um terreno em Vargem Grande, a parte da casa onde morávamos, nossos móveis e nossos carros. Mas Jairinho disse pra eu não me preocupar com os bens, que nada faltaria para mim e para o Henry.

Só que o divórcio demora, eu estava sendo pressionada e ele estava brigando muito comigo. Passei a ter crises de ansiedade com tantas cobranças e picos de pressão e ele começou a me receitar ansiolíticos e remédios para dormir.

Parei de postar minhas fotos na academia, tive que mudar meu guarda-roupa, pois as roupas que eu deveria usar deveriam ser mais discretas. Sempre fui vaidosa, mas comecei a frequentar mais os salões de beleza para estar sempre com cabelo e unhas feitas e estar mais bem apresentável, ele começou a implicar com meu trabalho, pois lá o sinal de telefone quase não pegava e ele ficava sem ver minha localização e se eu estava realmente trabalhando e falando a verdade.

Eu fazia de tudo para agradar e me encaixar no quesito de mulher perfeita, namorada de uma pessoa politicamente exposta, mas mesmo assim era muito difícil. No começo de dezembro, ele foi encontrar alguns amigos vereadores e passou da hora. Eu e Henry estávamos em Bangu, nos meus pais, mas a minha casa tem a mesma entrada pelo portão dos meus pais, não precisa passar por dentro.

Henry pediu para dormir, eu tomei remédio, coloquei o telefone celular no silencioso, enviei uma mensagem dizendo que ia dormir, era por volta de 23h, e assim eu fiz. Minha porta na época não trancava, eu dormia com ela destrancada. Lembro de ser acordada no meio da madrugada sendo enforcada enquanto eu dormia na cama ao lado do meu filho. Quase sem ar, ele jogou o telefone em cima de mim, perguntando, me xingando, me ofendendo, do porquê de eu não estar atendendo ele e do porquê de eu ter respondido uma mensagem do Leniel (onde eu o chamava de Le e ele me chamava de Nique).

Ou seja, ele pulou o muro da minha casa (dos meus pais), invadiu a casa deles, invadiu a minha casa, leu minhas mensagens do celular (pois ele tinha a minha senha, mas eu não tinha a dele) e, por um ataque ridículo de ciúmes com meu ex-marido, me enforcou dormindo. Implorei para que ele fosse embora, mas ele não ia, ele estava transtornado e desfigurado, com raiva de mim. Eu pedi desculpas, disse que não chamaria mais o Leniel de Le e no dia seguinte conversaríamos.

No dia seguinte, ele pediu desculpas, disse que me amava muito, que eu era muito bonita para ele, que tinha muito ciúmes, pois ele sabia que o Leniel era doido para voltar para mim e que naquela semana ele iria alugar nosso apartamento para não existir mais brigas nem desconfianças. Ele queria alugar uma cobertura em frente à praia, mas não tinha infraestrutura para crianças. Então ele me deu algumas opções e eu escolhi o condomínio Cidade Jardim (que tinha piscinas, brinquedoteca, parquinho, muitos apartamentos familiares com muitas crianças, comércio ao lado, campo de futebol na frente, uma escola cristã maravilhosa na esquina e ao lado da Transolímpica, caso eu precisasse ir ver meus pais mais rápido). Tudo pensado exclusivamente no melhor lugar onde eu achava que Henry seria mais feliz. Parecia um sonho se concretizando, mas foi o início de um pesadelo (só que eu não sabia).

Ele alugou o apartamento com os móveis e eu levei todas as minhas coisas pra completar. Meus pais compraram todos os móveis do quarto do Henry e antes do Natal finalmente conheci a filha dele e no Ano Novo conheci o filho mais novo. Henry viajou junto para a casa de praia dele em Mangaratiba e amou o filho dele. Foi uma viagem maravilhosa.

Finalmente nos mudamos em janeiro, Henry estava empolgado com a casa nova, feliz e eu estava realizada, pois tudo que eu queria dar ao meu filho, eu finalmente poderia dar. A irmã dele, Thalita, contratou nossa empregada Rosângela (que era passadeira há anos para os pais dele) e contratou a babá Thayna para nos ajudar com Henry (ela trabalhou com o noivo em diversas campanhas de Jairinho e a mãe da Thayna era babá do filho de Thalita). Eu aceitei por não ter indicações e eram pessoas de confiança deles.

Mantive a Glauciene, que era babá de Bangu, pois o Henry passava a metade do tempo comigo e a outra metade do tempo em Bangu e Leniel ia para minha antiga casa (na casa dos meus pais) para passar os finais de semana com o filho. Mas houve um fim de semana que Leniel foi entregar o Henry no domingo e me pediu para chamar o Jairinho para conversar. Assim eu fiz, ele desceu e Leniel disse que não queria que Jairinho desse abraços no Henry, porque ele tinha dado um abraço muito forte e que tinha apertado ele demais. Assim, Jairinho concordou e eu comecei a observar, mas achei descabido o comentário de Leniel, pois Henry era um menino que verbalizava tudo e não tinha feito essa reclamação para mim. E tudo Henry reclamava para mim. Achei que fosse ciúmes do pai por ter uma nova figura masculina na casa que pudesse substituir ele.

Mas um pai e uma mãe que fazem tudo por um filho e pelo seu bem-estar são insubstituíveis e eu comecei a explicar melhor, tanto para o Henry, quanto para o Leniel, para ele acalmar seu coração.

Mas Jairinho começou a se distanciar de Henry e Henry começou a ser mais reativo em relação à presença dele em casa, que trabalhava o dia inteiro e chegava em casa por volta de 18h todos os dias.

Henry dormia comigo desde sempre, na mesma cama desde que era bebê, mas agora tinha um quarto só para ele. Comprei duas bicamas de solteiro para começar a se acostumar com o quarto novo e, na primeira noite que fui dormir com meu filho, foi uma briga danada, pois Henry acordava muito de madrugada e gostava de dormir cedo (umas 22h). Jairinho não concordava que eu ficasse a noite toda dormindo com ele, achava que eu tinha que colocar ele para dormir em seu quarto e voltar para o meu. Se Henry acordasse, que viesse até o nosso quarto para dormir comigo. Então para evitar mais brigas, discussões e xingamentos, comecei a implorar pela ajuda dos meus pais para que se revezassem para me ajudar nessa transição.

Meu filho era minha prioridade, mas Jairinho sempre me convencia que eu fazia todas as vontades do meu filho e que eu o mimava muito, que estava estragando ele. Eu vivia para meu filho, trabalhava de casa de forma remota, mas com todas as desavenças entre eu e Jairinho (por ciúmes de tudo), conseguia ter uma estabilidade maior e engolia os desaforos, pois conseguia finalmente proporcionar uma vida melhor para o Henry. Ou era o que eu achava. Eu tinha tempo para meu filho, tinha empregada, tinha babá para me ajudar, matriculei o Henry em uma escola cristã particular bem-conceituada na região, coloquei Henry na psicóloga para aceitar o término do casamento.

Meu sonho era que Henry fosse médico, então ele precisaria de um bom preparo desde pequeno para que fosse um bom profissional no futuro, pois valores e educação ele já tinha em casa. E amor nunca faltou!

Um dia, enquanto eu estava cozinhando o jantar, Henry estava na sala vendo televisão quando Jairinho chegou do trabalho, por volta de 19h. Foi no mês de janeiro e as aulas ainda não tinham começado. Henry veio correndo até a cozinha, uns 15 minutos depois que Jairinho chegou, dizendo que o tio tinha dado uma banda nele e uma moca. Fui até a sala perguntar o que tinha acontecido e Jairinho disse que ele era um bobalhão, que segurou ele pelos braços brincando e passou a perna, mas que Henry nem caiu, pois estava segurando-o, aí o Henry disse que ia contar para mim e ele deu uma moca brincando e disse para o Henry parar de ser bobalhão, que era só uma brincadeira.

Como Henry não estava acostumado com isso, eu pedi que Jairinho pedisse desculpas ao meu filho e nunca mais o chamasse de bobalhão. Não vi como algo maldoso, mas como brincadeira de menino, mas meu filho não estava acostumado com isso.

Henry começou a solicitar mais a minha atenção e Jairinho começou a me cobrar mais atenção também. Mas, com todo o esforço do mundo, eu me desdobrava e atendia às necessidades dos meus dois filhos (Henry e Jairinho), dava atenção ao Henry o dia todo e à tarde, exclusivamente, e à noite, Henry ficava conosco até querer dormir. E como no quarto dele Jairinho brigava comigo, passei a colocar Henry na minha cama, no meu quarto, que era uma king, bem larga, e caberia nós três (com espaço). Eu empurrava a poltrona de balanço, colocava um travesseiro, ele dormia no canto (próximo ao banheiro), eu dormia no meio e Jairinho na ponta da parede.

Algumas vezes, Jairinho se incomodava porque Henry acordava muito de madrugada se não visse ninguém ao lado dele e ele gostava de ficar conversando comigo até de madrugada, pois era o momento que eu poderia estar só com ele. Mas aí, o Henry acordava e eu largava tudo para fazer meu filho adormecer de novo em paz. Por muitas vezes, ele pegou seu travesseiro e foi dormir sozinho no quarto de hóspedes, porque eu dava preferência a ficar com Henry e dormíamos brigados.

No dia seguinte, ficava tudo bem. Henry passava de três a quatro dias na casa dos meus pais e o restante da semana ficava comigo. Quando Henry não estava, gostávamos de jantar bebendo vinho (eu preferia os brancos mais leves e ele os tintos). Como Jairinho só dormia com uma carga de remédios muito forte, ele fazia questão que eu tomasse junto com ele, para que dormíssemos juntos e eu não ficasse acordada sozinha. Comecei a notar que nas minhas taças de vinho sempre havia um pozinho branco no fundo, mas eu achava que era do vinho, do fundo da garrafa talvez, mas eu estava enganada, até que um dia fui ao banheiro e, quando voltei, peguei ele macerando um comprimido dentro da minha taça na cozinha escondido.

Perguntei a ele o porquê de ele ter feito isso e ele disse que era para eu dormir melhor e eu comecei a brigar com ele, que não fazia sentido. E ele começou a me humilhar, dizendo que eu queria ficar acordada para falar com homem no Instagram (inventando uma história que só existe na cabeça dele), começou a me xingar, eu fui para o quarto pegar a minha bolsa para ir para a casa dos meus pais e quando saí ele tinha trancado as portas e escondido as chaves. Eu disse que ia ligar para o meu irmão, ele tomou meu celular, me segurou forte pelos braços e me jogou no sofá, dizendo que eu não iria a lugar nenhum.

Eu saí correndo para o quarto para me trancar e ele veio atrás, me pegou com mais força e me jogou na cama e, todas as vezes que eu tentava levantar, ele me empurrava com mais força até conseguir deixar meus braços roxos. Comecei a chorar e implorar que me deixasse ir para os meus pais, foi quando ele deu uma joelhada na parede e começou a gritar, dizendo que tinha sido eu. Fiquei apavorada com tamanho descontrole, ele ficou caído no chão, gritando e chorando dizendo que a culpa era minha, que eu estava fazendo um inferno. Sendo que eu não tinha feito nada. No dia seguinte, liguei para a irmã dele me ajudar, dizendo que os remédios dele não estavam mais fazendo efeito e ele precisava ir a um ortopedista. Mas que só iria se fosse um médico amigo dele no Barra Life (se não me engano) chamado Marco Antônio.

Três dias depois, ele foi fazer uma tomografia e ressonância no joelho na Clínica Alta e o médico disse que a lesão tinha sido séria e que precisava operar. O médico perguntou como ele tinha se machucado e ele mentiu, dizendo que tinha caído. Após esse dia, eu disse que ia embora, que ele era muito instável. Ele me pediu perdão, disse que tinha feito um investimento financeiro muito alto e emocional em cima de mim, que ele nunca tinha apresentado os filhos para outra mulher, que ele nunca quis morar com outra mulher na vida antes e que estava comprando um lote de terrenos no Recreio onde faríamos nossa casa, que iria fazer uma poupança para o Henry, assim como ele fazia para os filhos dele. E assim ele ia me levando, me fazendo falsas promessas em ter uma vida familiar feliz e estruturada. (...).

Eu desabafava muito com a empregada e ela sempre me confortava, dizendo que era início, que iríamos passar por aquilo e eu desabafava com a minha amiga Rafaela, que ficava assustada, se preocupava comigo. (...)

As aulas de Henry começaram de forma híbrida, em uma semana ele frequentava três vezes a escola e na outra semana ele frequentava duas vezes, nos dias restantes as aulas eram online em tempo reduzido. O primeiro dia de acolhimento eu estava lá com Henry no meu colinho, Leniel chegou atrasado, mas estava presente conosco também. Henry estava ressentido de começar em uma escola nova. Na verdade, era tudo muito novo, casa nova, hábitos novos, pessoas novas dentro de casa (Jairinho, Thayna e Rosângela), ainda não tínhamos feito amiguinhos novos no condomínio e eu implorava que alguma mãe permitisse que algum filho pudesse brincar com o meu, fora da escola.

Henry queria morar em Bangu, estudar na escola antiga Simonin, encontrar os amigos antigos e ver meus pais todos os dias. (...) Ainda havia muita resistência à escola nova e começamos atendimento psicológico para aceitação da separação, para essa quantidade de novidades na vida dele. Eu faria o acompanhamento também, em horário posterior ao dele (normalmente às quintas-feiras).

O primeiro atendimento eu participei, porque ele não quis se separar de mim. Ele estava muito agitado e ansioso, pegava um brinquedo e largava, pegava outro e largava e assim foi fazendo até terminar a sessão. Ele contou da predileção dele pela casa dos avós em Bangu, que amava muito o avô e que era lá que a Olívia morava porque tinha um quintal bem grande para ela correr e ser feliz. Leniel acompanhou essa primeira sessão do lado de fora, Henry não quis que ele entrasse conosco e quando acabou Leniel levou ele para casa dos meus pais, para eu iniciar a terapia e desabafar sobre a minha vida também.

Quando terminei, fui até os meus pais, contei o que a Érica tinha me passado e Leniel pediu para ficar lá nos meus pais com ele, já que estava em Bangu. Depois, retornei para casa, me matriculei em uma academia nova no Shopping Metropolitano (a pedido do Jairinho), porque era mais vazia e a outra tinha muitos homens jovens e era cheia (ele tinha ciúmes e eu evitava todas as brigas que eu pudesse).

Quando Jairinho chegou do trabalho, fui contar toda feliz da sessão da psicóloga, de como tinha sido reconfortante e que o Henry teria alta antes de mim, já que verbalizava tudo e seria muito tranquilo trabalhar com ele. Mas ele "focou" em uma única coisa: que Leniel tinha ido junto e tinha ficado na casa dos meus pais com meu filho.

Ele começou a discutir comigo com ciúmes, me humilhando como se eu fosse uma pessoa ruim ou que quisesse sacanear ou trair ele, e eu falei que ia embora de novo, que não aguentava mais tanta humilhação e fui pegar minhas malas. Foi quando ele teve uma crise e começou a chutar minhas malas, tomou minha bolsa e escondeu e eu corri para o quarto de hóspedes e me tranquei lá. Disse que, já que não poderia sair, eu não iria dormir com ele. Ele começou a a esmurrar a porta, gritar, xingar, até que arrombou a fechadura, conseguiu entrar no quarto e começou a gritar comigo, dizendo que só ia parar se eu tomasse remédio e fosse dormir no nosso quarto. Já era de madrugada, eu estava muito triste e não sabia o que fazer. Então tomei o remédio e fui dormir.

No outro dia, parecia que nada havia acontecido. Ele ligou para um marceneiro que fazia reparos para ele, chamado Robson, e no outro dia a fechadura estava consertada. Ele não era uma pessoa ruim, mas tinha oscilações baseadas em ciúmes que só existiam na cabeça dele e me tratava muito mal quando estava em crise.

Quando Henry tinha aula, eu ia cedo para a academia, fazia uma hora de aula e depois ia buscá-lo na escola. Resolvi então procurar um preparador físico na internet para fazer aulas de futevôlei. Marcamos aula experimental e enquanto Henry estava na escola, fui escondida, pois Jairinho não poderia nem sonhar que eu estava tendo aula com um *professor por ser homem. Mas, quando terminei a aula e fui pegar o celular no carro, tinha mais de 20 ligações, perguntando que homem de blusa azul estava comigo na praia. Ele sabia de cada passo que eu dava, com quem eu estava, lia minhas mensagens no celular, controlava como eu me vestia. Quando encontrávamos os amigos dele, eu estava proibida de abraçar ou de beijar, só podia cumprimentar apertando as mãos, tinha que me vestir adequadamente, pois ele sempre jogava na minha cara que era um homem politicamente exposto e eu aceitei ficar com ele sabendo de todas as limitações e renúncias que teria que fazer.*

O preço que eu pagava era bem alto, mas eu estava tão envolvida emocionalmente, ele fazia tanto a minha cabeça, que eu acreditava sempre em suas palavras. Dizia que era para o meu bem, que ninguém me amaria mais do que ele me amava e falou para matricular o Henry no que eu quisesse. Então eu pedi que ele aceitasse também que eu fizesse as aulas de futevôlei, pois eu tinha ficado feliz em começar um novo esporte, eram só dois dias na semana e cedinho. Ele disse que iria pensar e depois conversaríamos a respeito.

Na semana do carnaval, eu tinha comprado uma estante de livrinho para colocar no quarto do Henry, dois criados-mudos para o quarto de hóspedes e duas mesinhas laterais para a sala. Sempre gostei de cuidar da casa e pedi que Jairinho ligasse para o montador de móveis (que foi quem montou nosso closet e todos os móveis do quarto de Henry) para que fosse até nossa casa montar.

Entretanto, ele disse que não chamaria, pois da última vez que foi fazer um reparo no armário (e que todos nós estávamos em casa, inclusive ele, Rosângela, Henry e Thayna), eu estava usando short e ele ficou olhando e comentando. Então a partir daquele dia ele despediu o funcionário, pois não gostou da atitude desrespeitosa em relação a mim. Então, a Rosângela e a Thayna, com muita boa vontade, tentaram montar os móveis para me agradar. (...) Henry no final da tarde pediu para ir para a casa da avó, pois não teria aula e teria a sessão da psicóloga e eu o levei.

Quando cheguei em casa, Rosângela e Thayna já tinham montado as mesinhas que ficariam na sala e para agradar ao Jairinho (ele tinha muito TOC com limpeza e desorganização), embutiram um fio HDMI por dentro do painel do móvel onde ficava a televisão do quarto, para o fio não ficar aparente. Ele chegou do trabalho, mostrei os móveis que as meninas tinham montado, lanchamos, sentamos na sala para assistir um pouco de série no Netflix e, logo após o jantar, ele se dirigiu até o quarto para carregar o celular e tomar banho. Foi quando ele reparou no fio para dentro do painel. Mas como o fio era curto, a televisão ficou descentralizada, puxando para o lado esquerdo. Ele ficou descontrolado. Começou a andar de um lado para o outro, me xingando.

Falei para ele que não precisava se estressar, que eu mesma iria passar o fio para frente e o problema estaria resolvido. Mas ele não deixou, continuou me xingando e brigando comigo. Eu não dei muita atenção e ele começou a xingar a Rosângela também. Que ela deveria fazer o trabalho dela, que deveria enfiar o dedo dentro da buc... dela e do cu dela e, não satisfeito, ligou para a coitada tarde da noite. (...)

Eu estava adoecendo mentalmente, mas não percebia, e Henry estava progredindo nas sessões (já entrava sozinho, ficava feliz, brincava com a Erica, contava histórias). Eu me colocava em segundo plano desde que ele nasceu, por prazer, e a Erica dizia que eu tinha que me descobrir também, fazer o que me deixava feliz e não esquecer da mulher, que havia sonhos e vontades próprias dentro de mim. Mas para mim sempre foi muito difícil fazer essa separação, pois desde que Henry nasceu, era eu e ele para tudo. Leniel nos via aos finais de semana, então as maiores dificuldades ficavam praticamente em cima de mim. Leniel só foi morar mesmo mais tempo com a gente na pandemia, e mesmo assim não tinha tanta participação.

Então chegou o tão esperado bailinho de carnaval. Henry não vestiu a fantasia de anjo, pois as penas o estavam incomodando e eu coloquei a do super-herói Thor. Ele foi todo contente para a escola e, na hora da saída, veio mais feliz ainda, contando que brincou muito, correu, fez amiguinhos novos e que estava morrendo de fome. Fomos direto para casa, demos almoço a ele e ele comeu tudinho. E, neste dia, Rosângela e Thayna acabaram de montar os dois criados-mudos do quarto de hóspedes. Mas Henry gostou tanto do móvel que eu coloquei um no quarto de hóspedes e outro ao lado da cama dele.

Ele estava muito feliz e chega a me doer só de lembrar desse dia. Ele começou a arrumar tudo que mais gostava no movelzinho novo. Colocou suas tintas, colas coloridas, videogame, a Alexa que o avô tinha dado de Natal, todas as suas moedinhas do cofrinho ele transferiu para a gavetinha e ficou a tarde inteira arrumando o quarto e seu movelzinho. Como íamos para a casa de praia de Mangaratiba passar o carnaval lá, arrumei as minhas malas, separei os brinquedos que levaríamos, separei as comidas, lanches, utensílios que poderíamos utilizar lá e pedi que Thayna ficasse com Henry para eu ir no salão fazer uma escova no cabelo e a unha. Jairinho só chegaria à noite, para irmos viajar.

Neste dia, ele chegou mais cedo! Thayna me enviou uma mensagem dizendo que ela e Rosângela se emocionaram, pois quando Jairinho chegou, meu filho correu até ele para dar um beijo e um abraço. Mas que algum tempo depois, Jairinho chamou Henry para o quarto para mostrar o que ele tinha comprado e ajudar a arrumar e fazer a mala (palavras da Thayna por mensagem de WhatsApp) e então se trancaram no quarto. Eu mandei ela entrar ver o que estava acontecendo com meu filho várias vezes e ela dizendo que não queria incomodar o Jairinho (entretanto, ela era contratada para cuidar e tomar conta do meu filho e não era contratada para não incomodar o Jairinho, por mais que o conhecesse e trabalhasse para ele, por anos).

Ela disse que bateu na porta, que a televisão estava alta e que ninguém respondia. Continuei mandando ela entrar, até que ela me disse que a porta abriu e que Henry correu pro colo dela. Nisso, Jairinho saiu de casa e me ligou, dizendo que tinha esquecido uma pasta com documentos importantes da compra de um terreno e achava que tinha esquecido no BarraShopping e estava indo lá buscar. Falava ansioso e *preocupado! Nisso, a Thayna me liga de vídeo com Henry choramingando e perguntando se ele me atrapalhava. Eu disse que claro que não, que ele era a razão da minha vida, quem mais eu amava nesse mundo todo e que ele jamais me atrapalharia. Ele sorriu, eu disse que estava terminando e ia para casa.*

Na mesma hora, eu liguei enfurecida para o Jairinho e disse que não permitiria que ele dissesse que meu filho atrapalhava, pois ele era um menino muito bom e nunca me atrapalhou e ele não tinha esse direito de falar isso para o Henry.

Pouco tempo depois, Thayna me manda mensagem e diz para ir correndo para casa, pois o Jairinho havia chegado correndo e disse que precisava falar com Henry antes que eu chegasse para eu não brigar com ele. O Henry não queria sair do colo da Thayna e o Jairinho ficou puxando ele pro chão pra conversar. Henry rasgou a blusa da Thayna com medo, mas ela permitiu que Jairinho levasse Henry até a varanda para conversar (rapidamente) e que Thayna via os dois pelo vidro. Nisso, eu já estava chegando, pedi que Thayna desse um banho no Henry para acalmar ele e ela me mandou um vídeo dele mancando, mandei ela descer correndo com ele para me esperar lá embaixo, pois ia colocá-los no carro, pegaríamos as coisas do Henry e iríamos até Bangu.

Subi, briguei com Jairinho e ele ficou sentado no sofá dizendo que eu estava muito alterada e não tinha acontecido nada. Perguntei por que ele levou meu filho para o quarto sozinho, por que ele rasgou a blusa da Thayna e por que ele estava mancando e assustado. Ele me explicou que chamou Henry para ver o que ele tinha comprado e arrumar as malas, que colocou Henry em cima da cama, ligou no desenho, mas que Henry ficou assustado porque ele fechou a porta para ir ao banheiro e Henry saiu correndo, escorregou da cama e bateu o joelho no chão.

Que não tinha acontecido nada. E eu perguntei por que ele não ajudou meu filho a se levantar. Ele disse que não deu tempo, que Henry correu para os braços da Thayna e ele teve que sair para procurar os documentos que tinha perdido. Mas que quando eu liguei para ele, brigando, dizendo que ele estava proibido de dizer que meu filho me atrapalhava, ele foi pra casa correndo conversar com Henry.

Peguei as coisas do meu filho e fui para a casa dos meus pais. No carro, perguntei se Henry estava bem, olhei o joelho, olhei o corpo dele, não havia marca nem roxo e perguntei ao Henry o que tinha acontecido, para ele confiar na mamãe e me contar toda a verdade. Ele só falou que quando chegasse em Bangu me contaria, que estava muito cansado e queria dormir. Encostou no colo da Thayna e adormeceu. Eu fiquei desesperada, chorava, não sabia o que pensar ou o que fazer e a Thayna foi a primeira a falar pra esperar o Henry acordar e me contar a verdade.

Chegamos em Bangu, mas Henry dormiu direto. Contei para os meus pais, para o meu irmão e ficamos preocupados, mas não tínhamos certeza porque o Henry não tinha nenhuma marquinha (...)

Preciso prestar novo depoimento, pois fui orientada a mentir sobre a noite da morte do meu filho. Fui treinada por dias para contar uma versão mentirosa por me convencerem de que eu não teria como pagar por um advogado de defesa e que eu deveria proteger o Jairinho, já que ele se dizia inocente. Só pude entender o relacionamento que eu estava vivendo quando fui presa e a maior perda e a maior pena que eu poderia ter em minha vida foi a morte do meu filho amado, Henry. Não há um dia que eu não sofra por não tê-lo comigo. Minha vida não tem mais sentido, não existem mais sonhos nem planos. (...)

Depois que Leniel me entregou Henry no domingo, ele estava chorando muito, não queria subir. Mas eu estava morrendo de saudades dele; o convenci, ele se acalmou e veio para o meu colo. Jairinho estranhou a demora, e, como tinha ciúmes do Leniel, desceu para ver o que estava acontecendo. Eu não gostei quando me deparei com ele na porta do elevador e não trocamos nenhuma palavra. Subimos, Henry não quis jantar, nem lanchar, nem tomar a mamadeira. Ele simplesmente pediu para dormir no meu quarto, pois lá o tio Jairinho não brigava comigo. Meu filho só tinha 4 anos, mas era muito sensível, não gostava de brigas e, sempre que podia, tentava me proteger. Ele era um anjo de Deus.

Dei banho nele, levei até o meu quarto, coloquei o pijama de manga comprida e calça comprida, empurrei a poltrona até a beira da cama para ele não cair e o fiz adormecer. Voltei para a sala, continuei vendo a série que estávamos assistindo e entre 20h (aproximadamente) e meia-noite (aproximadamente), Henry acordou três vezes e eu fui colocá-lo para dormir novamente.

Quando cansamos de assistir à série, por volta de 1h30, disse para irmos para o quarto dormir. Ele disse para irmos até o quarto de hóspedes para conversar um pouco. Ligou a televisão num canal qualquer, baixinho, ligou o ar-condicionado, me deu dois medicamentos que estava acostumado a me dar, pois dizia que dormiria melhor (Patz e Rivotril de 2mg), mas eu não o vi tomando. Logo eu adormeci.

De madrugada, ele me acordou dizendo para ir até o quarto, que ele pegou o Henry no chão, colocou na cama e meu filho estava respirando mal. Fui correndo até o quarto, meu filho estava com a barriga para cima, descoberto, com a boca aberta, olhos olhando para o nada e pensei que estivesse desmaiado. Pedi ao Jairinho para olhar ele, mas ele passou por nós para ir ao banheiro. Notei que Henry estava com as mãos e os pés gelados e perguntei como ele tinha visto Henry caído no chão. Ele disse que escutou um barulho que chamou sua atenção e acordou para ver. Que Henry tinha caído da cama.

Então enrolei Henry numa manta e corremos para a emergência do Barra D'Or. Mas em momento algum eu achava que estava carregando meu filho morto nos braços.

Na emergência do hospital, foram os minutos, segundos e horas mais desesperadores que eu já pude vivenciar na vida. Eu orava, ajoelhava, implorava.

Monique Medeiros da Costa e Silva
Rio de Janeiro, 23 de abril de 2021.

26
Mensagens comprometedoras

A carta de Monique foi entregue ao delegado Henrique Damasceno por seus três advogados. Em nota à imprensa, Hugo Novais, Thiago Minagé e Thaise Mattar Assad afirmaram que as declarações reforçavam a necessidade de um novo interrogatório. Eles alegavam que o inquérito não poderia ser encerrado com contradições: "Se existiram várias novas audições de pessoas que já tinham prestado declarações e alteraram seus depoimentos, maior razão ainda deveria ter a autoridade policial para ouvir novamente Monique".

A defesa também pediu à Anvisa e ao órgão estadual fiscalizador competente que concedesse um relatório com as eventuais receitas médicas utilizadas por Jairinho. Em entrevista ao jornal "O Globo", o advogado Braz Sant'Anna, que passou a representar Jairinho, classificou a carta de Monique como "peça de ficção".

A professora escreveu ainda outra carta, para o ex-marido:

Leniel, me perdoe por tudo! Eu não sabia o que estava acontecendo. Você foi casado comigo por quase oito anos e sabe exatamente a pessoa que eu sou, a família que vim, os princípios que carrego e a mãe dedicada que fui para o nosso filho. Você, mais do que ninguém, sabe a mãe que sempre fui para nosso Henry.

E, se eu pudesse voltar atrás, fazer tudo de novo para tê-lo conosco, até no fundo da casa dos meus pais, tendo uma vida simples, mas com o sorriso dele iluminando todas as nossas manhãs, eu faria. Faria tudo diferente... Me perdoe por não ter sido mais do que eu pude ser. Para você e para ele.

Nique.

Rio de Janeiro, 26 de abril de 2021.

Nesta mesma segunda-feira dia 26, a Câmara Municipal do Rio recebeu parte do inquérito sobre o caso. Por 48 horas, os membros do Conselho de Ética examinaram os documentos e concluíram que o decoro parlamentar havia sido quebrado, inclusive, por abuso de poder e tráfico de influência. Foi aberto o processo de cassação do mandato de Jairinho.

No fim de semana seguinte, Monique recebeu alta do tratamento contra a Covid-19 e foi transferida de volta para o Instituto Penal Ismael Sirieiro. Já Jairinho saiu do isolamento em Bangu 8, no Complexo de Gericinó, onde era mantido desde que chegara, em 8 de abril. O parlamentar foi transferido da cela C3 para o espaço coletivo da unidade, após passar pela chamada classificação de risco – a análise da aceitação dos demais presos ao convívio com ele.

Jairinho passou a ocupar uma das maiores celas, com 70 metros quadrados. Dividia com outros cinco presos, entre eles um arquiteto acusado de construir prédios para a milícia na Muzema, um funcionário do aeroporto internacional que teria permitido a entrada de drogas no país e um suposto fraudador de benefícios do INSS.

* * *

No fim de abril, 46 dias após o início das investigações, o secretário de Polícia Civil do Rio, delegado Allan Turnowski, em entrevista aos jornais "O Globo" e "Extra", disse que manter a investigação na delegacia de origem, a 16ª DP, foi determinante para o sucesso dos trabalhos. "A morte foi registrada ali como acidente doméstico, mas a necrópsia já indicava que poderia haver um desfecho diferente. As primeiras 48 horas posteriores a um homicídio são importantíssimas na coleta de provas, e transferir o inquérito seria perder elementos que fariam falta à sua conclusão", disse.

Turnowski também negou que a polícia tenha sofrido pressões políticas durante o inquérito: "Era um caso de repercussão e tínhamos obrigação de dar uma resposta convincente. Não só pela prisão de um vereador, mas principalmente por envolver uma mãe investigada pela morte do próprio filho, o que é muito mais sensível. Vimos que, depois dessas prisões, testemunhas começaram a mudar seus depoimentos". O secretário afirmou ainda que as testemunhas ajudaram na elucidação do caso, mas destacou que as provas técnicas foram ainda mais importantes: "Elas inicialmente apresentaram versões mentirosas, mas, diante das provas periciais, voltaram atrás e contaram a verdade. Esse caso passa a ser emblemático para se comprovar a hierarquia entre as provas".

Na noite de 3 de maio, o inquérito que apurava a morte de Henry foi concluído. O delegado Henrique Damasceno indiciou Monique e Jairinho por homicídio duplamente qualificado, com emprego de tortura e impossibilidade de defesa do menino. O parlamentar também foi indiciado duas vezes por tortura, e a professora uma vez por tortura omissiva, por conta de outros episódios de violência praticados contra Henry. Foi pedida a conversão da prisão temporária do casal em preventiva.

Em entrevista coletiva, Damasceno comentou as ameaças que Monique alegou ter sofrido e o argumento de que mentira por ordem de Jairinho. "Esse argumento de calar a Monique é descabido. Ela foi ouvida por horas e, por lei, terá duas oportunidades para se pronunciar na Justiça. A única pessoa que foi calada foi o Henry. Ele pediu ajuda e não foi ajudado", disse o delegado.

Damasceno afirmou ainda que o casal coagiu testemunhas a não revelar detalhes do caso: "Com a prisão dos investigados, apreendemos dois celulares. Analisamos conversas e ficaram evidenciadas algumas agressões contra a criança. Ao contrário do que disseram, havia uma rotina de discussão entre o casal". A delegada Ana Carolina Medeiros acrescentou que Monique sabia de tudo: "Ela poderia ter afastado a vítima do agressor".

Na coletiva, foram divulgadas mensagens recuperadas no celular da babá Thayna, em que conversa com o pai e o noivo dela, Erick Pigliasco. A primeira era de 2 de fevereiro, iniciada às 7h33:

Erick – *E aí, tudo certo?*
Thayna – *Tudo. Ele já foi. Mô, está voltando para Bangu? Eu estou APAVORADA, família de doido real. Eu, como futura psicóloga, estou CHOCADA! A criança vai ficar perturbada. Sério.*
Erick – *Não, vou esperar mais tarde. O que houve?*
Thayna – *Ah tá. O menino está chorando comigo no quarto, querendo a mãe. Aí o doido entrou: Henry não pode chorar, você é muito mimado. O menino agarrou no meu pescoço, começou a chorar muito muito muito mesmo, que você vê que não é normal, sabe? Aí ele entrou com o menino para o quarto dele. Fiquei sem saída. Vou fazer o que, né? Aí ele: me leva para minha tia, quero minha tia.*
Erick – *Doideira.*
Thayna – *Aí o menino está lá no quarto chorando e eu na sala. Coisa estranha, sabe? Parece que está tampando a boca do menino. Uma doideira de verdade. Aí veio para mim agora tomar café, natural como se nada acontecesse. Perdi até a fome. Confesso. Estou tremendo, sabia? Aí falou: Monique mima muito ele.*
Erick – *E o menino, está aonde?*
Thayna – *No quarto. Chorando e gritando "prometo". O psicológico dessa criança vai ficar fodido. Sério. E não sei o que faz para melhorar.*

Erick – Ué, você está aí para ficar com a criança e ele coloca a criança no quarto e manda você ficar na sala?
Thayna – Eu vou conversar com a Monique quando ela voltar. Não vou dizer o que aconteceu porque eu não vou me enfiar em uma rabuda. Mas vou falar com ela para evitar de deixar ele comigo e Jairinho sozinho, porque Jairinho chama ele para conversar. Olha a doideira. Falou pra mim: pode entrar a hora que quiser. Eu vou lá entrar e da outra vez a mesma coisa. Minha mãe fala que ele faz isso com o Theo também e que o Theo só obedece a ele, mas sou super contra essa teoria de que tem que aprender na marra as coisas, sabe? Nem a gente, velho, se acostuma com coisas tão repentinas. Imagina o quanto é ruim para uma criança ter que se acostumar com separação, com saída da casa dos avós, com a mãe com outro cara. É tudo muito novo e ele só tem 4 anos. Eu sei que estou trêmula, com uma sensação muito ruim de não poder fazer nada.
Erick – Imagino. Ele está no quarto dele?
Thayna – Ele agora está mudo. Estão os dois no quarto. Uma doideira. A gente vê que não está normal quando ele agarrou no meu pescoço, tipo de medo, sabe? Nenhuma criança faz isso por não gostar de alguém somente. Eu agora estou aqui, pensando em uma maneira mais transparente para conversar com a Monique quando ela chegar. E ele manda o Henry prometer alguma coisa que deve ser de não contar para ninguém. E eu vou desvendar isso. Vou já conversar com uma professora minha, não vou contar detalhes, mas vou pedir ajuda no que posso fazer para mudar. Hoje é o primeiro dia de aula do bichinho e ele já vai perturbado e triste. Isso vai prejudicar ele até na escola. Eu tô aqui pelo bem dele, porque me apeguei a ele. Senão já ia correndo pra casa.

O noivo diz para Thayna que deve ser difícil para ela trabalhar dessa forma. E pergunta à babá:

Erick – Acredito que ele não deve bater no menino, né? Não é possível que ele seja tão louco.

Thayna – *Nem contei para a minha mãe para ela não ficar preocupada. Bater não, mas ele deve fazer ameaças psicológicas, que é crime. Ainda mais com uma criança. Igual BBB. Tanto que a criança gritava: "eu prometo". Tá prometendo o quê? A Monique chega 7h30. Estou contando as horas.*
Erick – *Rápido assim? Ela está aonde?*
Thayna – *Deve chegar um pouco mais tarde, porque a aula deve ter atrasado um pouco. 8h tem que estar na escola para 9h começar a adaptação. Entrega de material, pegar uniforme... O dia hoje começou agitado e eu já estou cheia de dor de cabeça. Ela está na aula escondida de futevôlei (para ele, foi correr na praia). Vou falar para ela que isso não está saudável.*

Treze minutos depois, a babá mandou uma foto de Henry para o noivo, com a seguinte mensagem: "Falou que não estava com sono, mas veio para o meu colo e dormiu. Ele é um bebê de verdade, sabe? O olho dele é verde de dar dor na vista de olhar".

Dez dias depois, justamente naquele 12 de fevereiro, Thayna voltou a falar com Erick pelo WhatsApp. As mensagens também foram recuperadas em seu celular e divulgadas na coletiva de imprensa do caso. "Tá foda hoje. Caraca. Sabe aquele dia? 10 x pior", escreveu a babá, às 17h41. Um pouco mais tarde, encaminhou 18 prints de todo o diálogo que teve com Monique. Era a conversa em que avisava à patroa, em tempo real, que Henry saíra do quarto mancando, depois de ficar trancado com Jairinho. O noivo se espantou e Thayna falou sobre o vereador:

Thayna – *Ele está puto da vida. Tô escondida no carro com o menino. Monique lá em cima. Minha bolsa lá em cima. O menino me agarrou demais. Me enforcou. Rasgou minha blusa. Depois Jairinho me deu R$ 100. Para eu ficar quieta (e não dizer) o por que de estar rasgada.*
Erick – *Deus me livre. Rasgada?*

Thayna – *Ele gritava horrores. Os vizinhos com certeza ouviram. Foi uma doideira de verdade. Sim. Você vai ver. Estou chocada. Estou trêmula ainda. Mas agora estou apreensiva dentro do carro só com Henry. Mas tudo meu está lá em cima. E Monique com ele lá em cima também. Aí ele falando pra mim que o Henry é mentiroso e que não sou tia. A Monique falou que ele vai pedir pra ver meu celular. Falei: Monique, me desculpa, mas não vou mostrar não. Só que ele não pediu. Me viu e não pediu. Aí pegou o do Henry. E o do Henry realmente tem mensagens.*

Thayna também trocou mensagens com o pai, Sandro Ferreira, em 3 de março, cinco dias antes da morte de Henry. Nos textos, que começavam às 20h22 e terminavam nove minutos depois, a babá contou que a empregada Leila Rosângela não estava e que ela precisou lavar a louça. "Geralmente tem gim, vinho, uísque. Mas dessa vez não tinha nada. Então, quer dizer, nem bêbado estava", escreveu ela. O pai perguntou se Jairinho e Monique estavam bem ou "se deu merda".

Thayna – *Vão se separar. As malas dele estão lá. Já para ele pegar.*
Pai – *Amanhã tudo volta pro lugar. São doidos.*
Thayna – *Ele bateu nela. Enforcou. E aí ela disse que ele vai sair. Mas que vai ficar pagando as coisas dela. Se não ela vai foder ele. Aí ele está com o rabo entre as pernas. Passou o dia todo ligando pra ela. Conversando. Chamando de amor. Como se nada tivesse acontecido. E ela falando que não esqueceu não. Que foi a segunda vez que ele fez. A casa tá com as paredes toda suja. Ele quebrou as malas dela.*
Pai – *Amanhã ela volta. Chora.*
Thayna – *Mas ela disse que não quer ouvir ninguém. Que está de saco cheio.*

27
Cassação de Jairinho

No dia 3 de maio, algumas horas após o indiciamento de Monique e Jairinho, Leniel fez uma postagem nas redes sociais: "Henry, hoje vimos a justiça começando a ser feita", escreveu. "Deus, obrigado primeiramente pelo filho maravilhoso que me destes. Agradeço por atender nossas orações, não deixar nada encoberto e fazer prevalecer sua justiça", dizia outro trecho da postagem.

A defesa de Monique criticou as investigações. "Monique não teve igual direito, em dois pesos e duas medidas. Mesmo a reconstituição dos fatos, baseada em versão irreal de Monique sob coação e dissimulação, é imprestável. O inquérito não aprofundou investigação sobre receitas, obtenção e uso de medicamentos, relatado pelas vítimas, embora esta defesa tenha expressamente requerido", declararam em comunicado os advogados Hugo Novais, Thiago Minagé e Thaise Mattar Assad, reafirmando a inocência da cliente.

No relatório final de 110 páginas enviado ao Ministério Público, os delegados Henrique Damasceno e Ana Carolina Medeiros registraram que o crime foi praticado com "gigantesca brutalidade, a ponto de ter causado grande comoção nacional". E acrescentaram: "No decorrer das investigações houve interferência em depoimentos e coação de testemunhas, bem como não há como se relegar que só foi possível a localização e prisão dos indiciados porque lançamos mão de vigilância que nos permitiu conhecer seu paradeiro, uma vez que se encontravam em endereço não informado nos autos".

Outro trecho do relatório justificava por que Monique e Jairinho não deveriam ser soltos: "Conforme consta do laudo de extração do segundo aparelho celular de Monique apreendido, os indiciados se mostraram preocupados em serem localizados pelas autoridades, tendo Monique chegado a indagar se a polícia teria acesso à localização do aplicativo Instagram e se conseguiria encontrá-los através desta ferramenta. Além disso, o casal procurava por uma residência, fora da cidade, tendo trocado diversos anúncios de casas de luxo disponíveis para aluguel e venda, evidenciando a intenção de se furtarem à aplicação da lei penal".

Dois dias depois, o promotor Marcos Kac ofereceu denúncia contra o casal por tortura qualificada e homicídio triplamente qualificado contra Henry, coação e fraude processual – Monique também foi denunciada pelo crime de falsidade ideológica. No documento de 15 páginas enviado à Justiça foi pedida a conversão da prisão temporária em preventiva.

Jairinho foi denunciado três vezes por tortura, por seu suposto envolvimento em três episódios diferentes de violência contra Henry, e a mãe do menino, denunciada pelo mesmo crime duas vezes – ela teria se omitido diante das agressões em duas ocasiões. O promotor afirmou que Jairinho "infligiu à pequena vítima intenso sofrimento físico, tendo em vista as múltiplas lesões que lhe foram causadas, revelando, desta forma, uma brutalidade fora do comum e em contraste com o mais elementar sentimento de piedade".

O casal também foi denunciado pelas torturas praticadas contra Henry nos dias 2 e 12 de fevereiro. Nas duas ocasiões, Jairinho teria, segundo o Ministério Público, submetido o enteado, que se encontrava sob sua autoridade, "a intenso e desnecessário sofrimento físico e mental".

Em entrevista coletiva na tarde de 6 de maio, Kac acrescentou: "No decorrer desta investigação, que durou aproximadamente 60 dias, nós trouxemos todos os elementos de prova no sentido de que ocorreu um crime naquela fatídica noite, afastando por completo a hipótese de acidente".

No mesmo dia, a juíza Elizabeth Machado Louro aceitou a denúncia e o casal virou réu no processo. Ela também autorizou a prisão preventiva e enfatizou o perigo de Jairinho e Monique coagirem testemunhas. A magistrada mostrou ainda preocupação de que os dois se desfizessem de provas e destacou que, quando foram presos em Bangu, chegaram a arremessar pela janela do banheiro o celular de Monique, para não entregá-lo à polícia.

Os advogados de Monique reagiram: alegaram que a professora fora "envolvida em uma desgraça familiar" que resultou na morte do filho. Numa petição de 57 páginas, disseram que Monique possuía formação na área de educação e que trabalhou como professora e diretora de escolas públicas. Afirmavam que ela tinha residência fixa e fortes laços familiares na região de Bangu e que nunca se envolvera em "qualquer prática criminosa durante toda sua trajetória de vida".

A petição apresentava ainda críticas ao fato de Monique não ter sido ouvida novamente e dizia que "a mais cruel das penas ela já recebeu e irá cumprir até o fim de seus dias: a perda prematura de um filho". Os advogados também mencionavam o não acesso ao inquérito policial, o uso de algemas no momento da detenção, a ausência de audiência de custódia na conversão da prisão temporária em preventiva e a chamada violação na cadeia de custódia, pelos policiais terem apreendido aparelhos eletrônicos sem acondicioná-los corretamente.

Como testemunhas, foram arroladas pela defesa 29 pessoas, entre elas Leniel; os pais e o irmão de Monique; a babá Thayna; a ex-mulher de Jairinho, Ana Carolina; e até o pai do vereador, Coronel Jairo.

Braz Sant'Anna, advogado de Jairinho, também se manifestou sobre a decisão do Ministério Público: "A defesa vai mostrar no curso do processo que a história não é essa, que a verdade é completamente diferente da que o Ministério Público e a Polícia estão querendo mostrar. Muita coisa surgirá a partir do momento que o Jairinho tiver a oportunidade de apresentar a primeira resposta no processo, que é a resposta à acusação".

Em sua petição, de 29 páginas, ele afirmou que o vereador sempre foi "um pai carinhoso, presente, amado pelos filhos e por todos os membros de sua família". O advogado alegou que a imagem de seu cliente foi transformada, pela autoridade policial, "de forma açodada, parcial e tendenciosa, em um monstro, em malfazejo assassino".

Se por um lado o documento descrevia Jairinho como um homem bom e de hábitos simples, por outro acusava Monique de ter sido insensível diante da morte de Henry, já sinalizando qual seria a linha de defesa. "A selfie em que ela aparece sorridente e de pernas para cima, na antessala do gabinete da autoridade policial, onde prestaria depoimento, dias antes do decreto de sua prisão, foi suficiente o bastante para revelar a frieza e a indiferença com a morte de seu filho", dizia a petição.

"As cartas por ela manuscritas, permeadas de falsas lamúrias e de arrependimentos, todas amplamente divulgadas pela mídia, permitiram antever que a inverossímil versão por ela própria engendrada, no limiar das investigações, não seria mais a mesma", observou o advogado. "O fato é que nem mesmo Leniel Borel, seu companheiro de vários anos e pai da vítima, se convenceu da sinceridade de seus sentimentos. A rigor, nem era preciso o convívio de tantos anos para conhecer a verdadeira face de Monique, mulher jovem, bonita, aspirante do sucesso, da ascensão social, capaz de tudo para alcançar o seu objetivo", completou.

Boa parte do documento destacava a trajetória de Jairinho como parlamentar. Dizia que exerceu funções relevantes na Câmara, como líder de Governo na gestão dos prefeitos Eduardo Paes e Marcelo Crivella, e como membro da Comissão de Saúde e da Comissão de Constituição e Justiça. Registrava também sua atuação voltada para projetos em benefício de crianças e adolescentes e lembrava suas várias reeleições, "sempre se destacando dentre os mais votados". O documento citava ainda o reconhecimento de outros vereadores: "Muitos de seus correligionários e adversários políticos continuam prestando solidariedade; outros preferem se omitir para não serem criticados pela opinião pública insuflada pela imprensa sensacionalista, mas nos bastidores não deixaram de reconhecer em Jairo Junior a pessoa de excelente caráter e extremamente amiga, principais características de sua personalidade".

Braz Sant'Anna também chamava a atenção para uma suposta tentativa de reanimação feita por Jairinho em Henry dentro do elevador, a caminho do Hospital Barra D'Or. A cena seria "uma das provas mais eloquentes do caderno probatório, por não ter conformidade com a intenção de quem horas antes, segundo a denúncia, teria provocado as lesões na vítima com o propósito de ceifar a sua vida".

O advogado disse que nenhum laudo médico atestou a lesão sofrida por Henry e que a psicóloga que acompanhava o menino também não observou qualquer sentimento de repulsa em relação ao padrasto. Segundo o advogado, o indiciamento de Jairinho sofreu "indevida influência" dos depoimentos prestados por duas ex-amantes.

Entre as 22 testemunhas arroladas por Braz Sant'Anna estavam nomes que também constavam na lista dos advogados de Monique, como Leniel, Ana Carolina e Coronel Jairo.

* * *

No dia 10 de junho, o Conselho Regional de Medicina do Rio de Janeiro suspendeu cautelarmente o registro profissional de Jairinho. Em reunião, o Conselho Pleno do Cremerj também decidiu pela abertura de processo ético contra o vereador, que podia culminar na sua proibição definitiva de praticar medicina.

Dias depois, na Câmara Municipal, o relator Luiz Ramos Filho votou pela cassação de seu mandato. No parecer, ele considerou também o depoimento do executivo Pablo Meneses, vice-presidente de operações e relacionamento da Qualicorp e conselheiro no Instituto D'Or, que recebera insistentes pedidos de Jairinho para que o corpo de Henry não fosse encaminhado ao IML. "Claramente utilizou-se de seu prestígio e posição política para tentar obter vantagem indevida ao tentar interceder", disse o relator.

O vereador foi defendido no processo de cassação pelo advogado Berilo Martins da Silva Netto. Ele sustentou que Jairinho sequer fora julgado pela Justiça:

"Com o devido respeito, mas a Câmara de Vereadores está, nitidamente, justificando os meios pelos fins, impulsionada pela tradicional voz das ruas, se diminuindo em seu papel, que é a defesa do Estado Democrático de Direito".

Berilo apresentou 11 fotos de Jairinho com Monique e Henry, assim como de sua atuação política. Em uma delas, aparecia discursando no plenário com o ex-prefeito Cesar Maia ao fundo; em outras duas, estava com o presidente da Câmara, Carlo Caiado, e com o vereador Carlos Bolsonaro, filho do presidente Jair Bolsonaro. Alguns parlamentares viram nas fotografias uma tentativa de intimidação. O próprio Caiado, porém, disse que o documento era apenas uma maneira de mostrar que Jairinho tinha um perfil "caridoso e carismático, que formou uma legião de amigos e admiradores na Casa".

Na manhã seguinte, antes de iniciar a sessão que votaria a cassação do mandato, o presidente da Câmara voltou a se manifestar: "Não é o tipo de matéria que gostaríamos de estar discutindo. Como pai de duas meninas, não consigo imaginar a dor de perder um filho. Em virtude dos acontecimentos, imediatamente o vereador teve suspensas as atividades e remunerações. O Comitê de Ética conduziu com lisura e sem pirotecnia o processo. É um momento dificílimo, mas não iremos fugir da nossa responsabilidade".

O relator Luiz Ramos Filho leu seu parecer, numa versão compacta. Alexandre Isquierdo, presidente do Conselho de Ética, defendeu a lisura do grupo que analisou a questão: "Hoje é um dia histórico, mas não de comemorações. Nesses 83 dias de processo, o que nos deu o norte foi a palavra justiça. Conduzimos o processo sem palanque político e sem corporativismo".

Na tribuna, à frente da placa em homenagem a Marielle Franco, o vereador Chico Alencar lembrou a morte da parlamentar e disse que Jairinho cometeu tráfico de influência ao procurar o governador Cláudio Castro e o hospital para tentar agilizar a liberação do corpo: "Morte inaceitável, estúpida, evitável, tanto quanto a de Marielle, que não teve o direito de viver. Abuso de poder, tráfico de influência, mentira: basicamente esses foram os três elementos no contexto da morte desse menino. Olhar as fotos desta criança é algo absurdo e não é para almas sensíveis".

A vereadora Teresa Bergher, outra a discursar, também foi dura e ressaltou a importância de se denunciar crimes domésticos: "A sociedade precisa passar por mudanças. Jairinho é um mau exemplo para a sociedade. Ele não teria nenhuma condição de representar ninguém no parlamento".

Último vereador a ter a palavra antes da defesa de Jairinho, Carlos Bolsonaro, em discurso feito por videoconferência, chorou ao comparar a morte de Henry com a tentativa de assassinato de seu pai, Jair Bolsonaro, então candidato à presidência da República, em Juiz de Fora, em 2018.

No plenário, o advogado Berilo Martins da Silva Netto reclamou da condução do processo, que chamou de linchamento. Ele perguntou se os vereadores viram algum vídeo do parlamentar agredindo Henry: "O Jairinho que denominaram como monstro não é o que eu conheço. Mesmo no cárcere, ele continua sendo carinhoso, dócil e gentil. É só fazer uma visita em Bangu 8 e perguntar para cada agente penitenciário. Não existem provas inequívocas da prática do delito".

Berilo negou que Jairinho tivesse tentado usar de sua influência com Cláudio Castro e com profissionais do Hospital Barra D'Or: "Ele ligou para o governador para saber o trâmite adequado do caso e não para dar um jeitinho. E o governador se limitou a responder. Fico feliz em poder externar a voz do Jairinho, que hoje encontra-se preso. Na concepção da defesa, de forma ilegal e arbitrária".

Por fim, o advogado ressaltou que o vereador já tinha perdido o salário e o gabinete, e comparou sua situação à do ex-presidente Luiz Inácio Lula da Silva: "O presidente Lula ficou quase dois anos preso, perdeu a dona Marisa, foi achincalhado e perdeu a eleição. E hoje se chegou à conclusão que o processo era todo ilegal. Deixo aqui uma reflexão: será que não vamos aqui hoje praticar o mesmo erro? Imaginem o dano: cassar um vereador eleito sem uma sentença transitada e julgada. Não venham a punir um colega que conviveu com vocês por 17 anos em base de informações que muito são dissonantes da realidade e que não foram apreciadas pelo Poder Judiciário".

O apelo não sensibilizou os vereadores, que decidiram pela

cassação por unanimidade: 49 votos a zero — houve uma ausência, a de Dr. Gilberto. Jairinho também perdeu os direitos políticos por oito anos. Pela primeira vez na história do Rio de Janeiro, um vereador eleito era cassado.

* * *

Assim que o resultado foi divulgado, o vereador Tarcísio Motta leu uma mensagem enviada por Leniel, pai de Henry. "Estamos vendo a Justiça sendo feita. A quebra do decoro parlamentar e a respectiva cassação desse monstro é uma resposta à sociedade, devido ao covarde assassinato do meu filhinho e às demais acusações claras contra esse assassino", dizia o texto.

Nessa mesma época, Leniel tatuou uma imagem de Henry em seu braço esquerdo, numa sessão de sete horas em um estúdio em São João de Meriti, na Baixada Fluminense. Na foto original que deu origem ao desenho, o menino aparecia abraçado a Jorge, um urso de pelúcia que ganhou de presente do pai. "Eternizei Henry na minha pele", disse o engenheiro em um vídeo nas redes sociais.

Em casa, Leniel soube da chegada de uma carta em que o Papa Francisco prestava solidariedade pelo que classificou como "massacre" contra seu filho. No documento, assinado pelo Monsenhor Luigi Roberto Cona, assessor para Assuntos Gerais da Secretaria do Vaticano, o religioso afirmava que "a loucura humana" levou à morte de Henry.

Datada de 24 de abril, um mês e meio após a morte do menino, a carta foi entregue a um parente de Leniel que morava em Portugal. Ele havia escrito ao Papa sobre o fato. "Neste momento, seus familiares sentem que precisam fortalecer a sua fé, unindo seus corações ao coração do Sucessor de Pedro, cuja fé conta com um apoio especial de Jesus, para confirmar a fé dos seus irmãos", dizia um trecho do texto, endereçado ao engenheiro e a sua mãe, a dona de casa Noeme Camargo Borges de Souza.

Na carta enviada pelo Vaticano foi reforçado o papel do pai e da avó de Henry. "O Santo Padre conta com Leniel e Noeme para contrastar a cultura da indiferença e do ódio que sente crescer ao seu redor, não se deixe contaminar pelo ódio, transformando-se a sua imagem e semelhança. Seja do número das pessoas que se recusam a entrar no circuito do ódio, que se recusam a odiar aqueles que lhes fizeram mal, dizendo-lhes: 'Não tereis o meu ódio'. Deste modo, ajudará a parar o mal, como fez Abraão quando pediu a Deus para não exterminar os justos com os culpados", pontuava o documento.

Leniel também comemorou a aprovação do projeto de lei 1360/21, das deputadas federais Alê Silva, Carla Zambelli e Jaqueline Cassol e que teve Carmen Zanotto como relatora. O texto, inspirado no caso de Henry, previa medidas protetivas, assistência às vítimas e aumento de penas para crimes como infanticídio, abandono de incapaz e maus-tratos. A proposta também buscava a criação de uma estrutura de proteção às vítimas nos moldes da Lei Maria da Penha, voltada à assistência das mulheres. "A aprovação da Lei Henry Borel demonstra a importância da criação e manutenção de mecanismos protetivos e mais severos para inibir a violência doméstica e familiar contra crianças e adolescentes, evitando o sofrimento de novas vítimas, como aconteceu com meu filho", disse o engenheiro nas redes sociais.

Ao receber o processo em que Jairinho e Monique se tornaram réus, o promotor Fábio Vieira, titular do II Tribunal do Júri do Rio, incluiu uma indenização de R$ 1,5 milhão a Leniel. O valor era uma projeção de quanto o engenheiro pagaria de pensão à ex-mulher (R$ 5 mil), multiplicado pelo tempo que o menino teria de vida até se formar em uma universidade. O promotor pediu o bloqueio de bens do casal.

A juíza Elizabeth Machado Louro também autorizou a nomeação de Leniel como assistente de acusação no processo. Nessa condição, conforme prevê o Código de Processo Penal brasileiro, é permitida a atuação das próprias vítimas de crimes, seus companheiros, pais, irmãos e filhos como auxiliares do Ministério Público. Eles podem solicitar perícias e acareações, assim como fazer perguntas às testemunhas, participar dos debates e apresentar recursos.

* * *

Com 21 anos de Ministério Público, Fábio Vieira trabalhou em júris durante toda a carreira. Passou pela comarca da Ilha do Governador, na Zona Norte do Rio, e por Resende, no sudoeste do estado. Na capital, ele atuou em uma das etapas do julgamento da Chacina da Candelária, que condenou três policiais militares a pelo menos 200 anos de prisão pelas mortes de oito crianças e jovens em situação de rua, no Centro da cidade, em 1993.

Fábio também esteve no plenário na condenação de dois policiais militares a 52 anos e seis meses de prisão pelo assassinato de cinco jovens, em Costa Barros, na Zona Norte, em 2015. Na ocasião, os rapazes, com idades entre 17 e 25 anos, tinham saído para comemorar o primeiro emprego de um deles quando o carro em que estavam foi metralhado. A perícia constatou 111 tiros no veículo.

28
Monique dá entrevista na cadeia

No início de julho de 2021, Monique me recebeu (como repórter do "Globo", junto com o fotógrafo Hermes de Paula) para sua primeira entrevista após ser presa. O encontro vinha sendo negociado há algumas semanas com os advogados dela e precisou ser autorizado também pelo então secretário de Administração Penitenciária, Raphael Montenegro.

Eram 9h do dia 5 de julho, uma segunda-feira nublada, quando fomos encaminhados a servidores da direção do Instituto Penal Ismael Sirieiro, em Niterói. Como de praxe, nossas bolsas precisaram ser guardadas logo na entrada da unidade. Ficamos apenas com um bloco, uma caneta, um gravador e uma câmera.

Usando calça jeans, camisa de malha branca de manga comprida, chinelos Havaianas da mesma cor e máscara de proteção descartável, Monique me recebeu com um abraço. Ela parecia emocionada e perguntou como seria a reportagem. Sentamos em uma sala ampla, com entrada de luz natural e de onde podíamos ouvir o barulho dos ônibus no trânsito tumultuado da Alameda São Boaventura, a principal do bairro Fonseca e que dá acesso à Ponte Rio-Niterói. A entrevista foi acompanhada por profissionais do escritório do advogado Thiago Minagé.

Fazia 85 dias que Monique estava presa. Ela disse acreditar que seria absolvida, porque não fora a responsável pela morte do filho; tampouco, omissa. Estava focada em ajudar a preparar sua defesa e também em terminar um livro em que pretende narrar o abuso que diz ter sofrido de Jairinho. "Eu vivi, sim, um relacionamento abusivo. Hoje não preciso mais mentir para proteger alguém que eu desconheço. Não sei mais quem ele é, não o conheço mais. Sei que ele é uma pessoa persuasiva, ele tem esse poder, tem credibilidade, ele cega qualquer um. É uma pessoa que está acima do bem e do mal. Ele pode tentar falar que foi fantasia da minha cabeça, mas a gente vai provar que não foi e que eu vivi uma violência psicológica", disse.

Monique não exibia mais o alongamento de mega hair nos fios nem as unhas postiças de acrigel. Seu tom de voz era baixo e pausado. Em quase três horas de conversa, ela se emocionou especialmente quando falou da saudade de Henry. Segurava cartas escritas à mão e xerox de fotos do menino. A seguir, alguns trechos da entrevista.

Como têm sido esses quase três meses privada de liberdade?
Muito difíceis. Na verdade, o que sinto é que minha vida foi completamente destruída. Não só a liberdade, mas perdi também meu bem maior, o meu amor, o meu filho.

Você se arrepende de algo?
Sim, me arrependo muito principalmente de ter colocado alguém dentro da minha casa sem prever que ele poderia fazer algum tipo de mal. Moramos só dois meses juntos, mas foi tempo suficiente para ele ter acabado com o meu mundo.

Por que você se separou do Leniel?
Ele fazia 12, 15 reuniões por dia no home office e passamos

a não nos falar mais, não cruzar olhares, não ter mais intimidade dentro da mesma casa. No início, resisti muito a me separar, minha família não queria isso, meus pais estão juntos há 36 anos. Mas acabei não aguentando.

Como começou seu relacionamento com Jairinho?
Em julho, ele passou a me mandar mensagens pelo Instagram, elogiando as minhas fotos. Eu vi que era uma pessoa respeitável, um vereador com vários mandatos e que todo mundo o considerava bastante. Então começamos a conversar e, em 31 de agosto, marcamos um almoço. Ele se mostrou um homem gentil, educado, inteligente... Isso encanta qualquer um. Dois dias depois do almoço, no nosso segundo encontro, Jairinho já me apresentava como namorada para políticos e desembargadores. Em outubro, o Henry o conheceu em um restaurante, lhe deu um abraço e não parou mais de falar seu nome. Assim que foi eleito, ele disse que queria alugar um apartamento. Então, em janeiro, nos mudamos.

E como foi a adaptação do Henry à nova rotina?
Ele passava os fins de semana com o pai, metade da semana com os avós e a outra metade comigo e com o Jairinho. Não foi fácil, ele não conseguia dormir sozinho no quarto, e o Jairinho passou a reclamar disso, dizer que ele era mimado. Passamos a brigar por isso e também pelos ciúmes excessivos dele, que queria controlar minhas redes sociais e meu celular.

O que você tem a dizer sobre as acusações de torturas e da morte do seu filho?
Em momento algum eu tive conhecimento de que o Henry estava sendo agredido ou sofrendo algum tipo de tortura psicológica por parte dele. Eu, como professora e diretora de escola,

já encaminhei diversas denúncias de maus-tratos ao Conselho Tutelar e, por isso, sabia que o primeiro passo era ter a violência atestada por um profissional médico. No dia seguinte ao que Henry e a babá me ligaram quando estava no salão, eu o levei ao hospital, mas nenhuma lesão foi identificada. Ele era muito branquinho, nunca vi nenhum hematoma, nenhum machucado.

Por que você corroborou o que Jairinho disse em depoimento?
Porque eu não sabia de nada. Eu realmente peguei meu filho nos braços, com os olhinhos abertos, achando que ele estava vivo e tinha sofrido um acidente doméstico. Eu não imaginava o que podia ter acontecido.

Qual a sua visão sobre Jairinho atualmente?
Depois de saber de tantas agressões, vejo que meu filho foi a primeira vítima fatal dele. Infelizmente, o Henry precisou morrer para que todas essas torturas fossem reveladas e que as mulheres tivessem coragem de denunciar. Agora, eu acredito que a Justiça vai ser feita e que eu vou conseguir provar minha inocência. Mas sei também que vou viver num luto eterno, porque mesmo que haja Justiça meu filho não vai mais voltar.

Como você avalia seu relacionamento com Jairinho?
O Jairinho me proporcionou, sim, uma vida melhor. Mas tudo que eu fiz foi pensando também no Henry. Matriculei ele em um colégio melhor, coloquei ele no turno integral e em outras atividades, e escolhi um prédio que tinha brinquedoteca, piscinas grandes, campo de futebol. Cumpri minhas responsabilidades como mãe. Tenho certeza de que fui a melhor mãe que o Henry poderia ter tido. Eu realmente não sabia *(das agressões de Jairinho)*. O único arrependimento que tenho é de não ter podido prever que ele poderia fazer mal ao amor da minha vida.

E hoje, como descreveria Jairinho?

Eu acho que ele não é nenhum psicopata como dizem, porque é uma pessoa inteligente, que sabe ganhar dinheiro e sabe manipular as pessoas. Não vejo uma psicopatia, não. Eu vejo que ele pode ser uma pessoa ruim mesmo, com índole ruim, caráter ruim. Isso já vem dele. Psicopata ele não é não, ele é bem inteligente.

Você acha que ele também será absolvido?

Acho que vai ser bem difícil, ainda mais com tantas coisas iguais que se repetiram. Mas com o meu filho foi fatal. Poderia ter sido com o filho delas *(outras ex-namoradas)*. A partir do Henry, começaram as denúncias. Se elas tivessem denunciado antes, talvez não chegasse ao meu filho.

* * *

Até aquele 85º dia em que esteve presa, Monique havia lido na cadeia 23 livros. Durante a conversa, revelou a lista eclética dos títulos, cujos gêneros variavam entre autoajuda, biografia e romances – a mesma diversidade que deixou na estante de seu quarto do apartamento no Majestic, onde morou com Jairinho e Henry.

Um dos últimos que leu fora "Infâmia", de Ana Maria Machado. Em 280 páginas, a autora, através da narrativa de duas histórias em paralelo, centradas numa família de diplomatas e seus amigos próximos, questiona as distorções e as calúnias que escondem a verdade através de fatos ocorridos na história recente do país. Monique tinha lido também "1984", de George Orwell, clássico moderno que trata das grandes mazelas contemporâneas, e "Família é tudo", em que o autor, Fabrício Carpinejar, fala sobre a angústia da perda dos pais e estimula gestos sutis de ternura.

Embora Monique afirmasse que lia por hobby, a atividade em unidades prisionais pode significar uma redução de pena, em caso de condenação. Para isso, o preso deve apresentar uma resenha do livro à Vara de Execuções Penais. Cada obra concluída corresponde a menos quatro dias de pena – com um limite de 12 livros por ano, o que permite uma redução de até 48 dias anualmente.

* * *

Na semana seguinte à entrevista, o pai de Monique morreu. Ele estava internado com Covid-19 em um hospital particular em Bangu. Funcionário civil da Aeronáutica, Fernando José Fernandes da Costa e Silva já sofria com problemas de saúde há anos. Em depoimento na 16ª DP, a mulher dele, Rosângela, contou que, na noite em que Monique lhe telefonou avisando que levara Henry para o Hospital Barra D'Or, ela foi para lá com o filho e a nora, já que o marido não tinha condições físicas de acompanhá-la.

Os advogados da professora pediram à Secretaria de Estado de Administração Penitenciária (Seap) que Monique pudesse ir ao sepultamento, no cemitério do Murundu, em Realengo – o mesmo onde Henry fora enterrado. O pedido teve como base o artigo 120 da Lei de Execuções Penais, que permite a quem cumpre pena em regime fechado ou semiaberto obter permissão para sair com escolta, em caso de morte ou doença grave do cônjuge, companheira, ascendente, descendente ou irmão.

A Seap, porém, negou a autorização: justificou que Fernando morrera por complicações da Covid-19, cujo protocolo não permitia velório. Além disso, ao entrar no sistema prisional, em 8 de abril, a professora assinara um termo em que demonstrava receio por sua integridade física, e que por isso não era recomendada sua exposição em ambientes coletivos.

O enterro de Fernando foi na tarde de 13 de julho e reuniu cerca de 25 pessoas, entre familiares e amigos. Jornalistas e fotógrafos que estavam no local foram orientados a se retirar.

29
Reencontros no tribunal

No início de setembro, a juíza Elizabeth Machado Louro marcou a primeira audiência de instrução e julgamento do processo – uma fase preliminar do júri. A magistrada definiu que as 12 testemunhas arroladas pelo Ministério Público seriam ouvidas no dia 6 de outubro, no Fórum do Rio, no Centro. Ela pediu reforço na segurança no controle do acesso à plateia por "tratar de fato rumoroso, que ganhou notoriedade na mídia nacional". Uma semana antes, a assessoria de imprensa do Tribunal de Justiça enviou um aviso de credenciamento aos veículos de comunicação.

Foram arrolados os delegados Henrique Damasceno e Ana Carolina Medeiros, e o inspetor Rodrigo Melo, os três da 16ª DP; o pai de Henry, Leniel Borel; a babá Thayna de Oliveira Ferreira; a empregada doméstica Leila Rosângela de Souza Mattos; as médicas do Hospital Barra D'Or Maria Cristina de Souza Azevedo, Viviane dos Santos Rosa e Fabiana Barreto Goulart Déléage; o executivo Pablo Meneses, vice-presidente de operações e relacionamento da Qualicorp; a cabeleireira Tereza Cristina dos Santos; e a ex-mulher de Jairinho, a nutricionista Ana Carolina Ferreira Netto.

Alguns dias antes da data marcada, os advogados de Ana Carolina pediram à juíza sua dispensa da audiência. A magistrada negou. A nutricionista então entrou com um habeas corpus, alegando que fora casada com o ex-vereador por 20 anos, mas que não possuía "nenhum conhecimento acerca dos fatos narrados na denúncia, razão pela qual só poderá prestar esclarecimentos sobre fatos ocorridos durante o relacionamento". O habeas corpus também foi negado. Tereza e Leila Rosângela não compareceram porque não foram localizadas pelos oficiais de justiça.

* * *

Leniel foi um dos primeiros a chegar ao Fórum no dia 6 de outubro, por volta das 9h. Ele falou com os jornalistas nos corredores do nono andar do prédio, onde fica o plenário do Tribunal do Júri: "Estou lutando diariamente para que a Justiça seja feita e os dois monstros que assassinaram brutalmente meu filhinho sejam punidos", disse. "Henry, com 4 anos, já demonstrava que faria diferença na sociedade e esses assassinos me impediram de sentir orgulho do bem mais precioso da minha vida, de poder acompanhar o crescimento da criança mais amorosa que conheci. Hoje me sinto como se estivesse amputado, a melhor parte de mim não está mais aqui do meu lado".

Aos poucos, parentes e amigos das famílias dos envolvidos foram ocupando as primeiras fileiras do espaço aberto ao público e aos jornalistas. O local é separado do plenário por um vidro blindado. Do lado direito, estavam a juíza Elizabeth Machado Louro, o promotor Fábio Vieira e seus assessores. Do lado esquerdo, os advogados dos réus. A equipe de Braz Sant'Anna, que defendia Jairinho, ficou na fileira de trás; Hugo Novais e Thiago Minagé, advogados de Monique, posicionaram-se na frente.

De cabelos presos por uma trança e unhas curtas pintadas de esmalte bege, Monique vestia um moletom branco, calça jeans e chinelos. Ela se sentou junto de seus advogados – Jairinho pediu, e foi autorizado pela juíza, a participar por videoconferência, de dentro do presídio. Mais à frente ficaram as testemunhas, Leniel e seus advogados, Sâmya Massari, Márcio Cavalcanti, Ailton Barros e Igor Carvalho.

A audiência começou pouco antes das 10h e se estendeu até 0h30. Quando a juíza leu a denúncia com a acusação contra o casal, Leniel se emocionou e pediu um copo d'água – nesse momento, a mãe, a tia e a prima do engenheiro ainda se acomodavam na plateia. A mãe, o irmão e uma tia de Monique sentaram-se próximos. Discreto, Luís Fernando, filho mais velho de Jairinho, também estava lá. Cerca de 25 pessoas vestiam camisas com três frases diferentes: "Justiça por Henry Borel Medeiros", "Exigimos justiça" e "Monique é inocente".

O primeiro a depor foi Henrique Damasceno. Por três horas e 21 minutos, o delegado narrou em detalhes o trabalho de investigação e respondeu às perguntas da juíza Elizabeth, do promotor Fábio e dos advogados de Monique e de Jairinho. Ele enfatizou não ter dúvidas de que Henry foi vítima de um homicídio praticado pelo casal. O delegado contou que, no depoimento de ambos na 16ª DP, nove dias após a morte do menino, a professora se sentiu "completamente à vontade": além de fazer selfies, pediu uma pizza. Já o ex-vereador, segundo Damasceno, chegou a fazer piadas.

No meio da sabatina, quando o delegado disse que "restou demonstrado que Jairo bateu nessa criança algumas vezes e restou demonstrado que a Monique sabia dessa agressão, que mentiu na delegacia e mentiu no hospital", Monique foi às lágrimas. Nesse momento, parte da plateia sussurrou em tom um pouco mais alto e foi advertida por seguranças do Tribunal de Justiça: "Sem manifestações, por favor".

O tempo todo Monique folheava as cerca de mil páginas do processo, fazia anotações e comentava no ouvido dos advogados. Jairinho aparecia por um telão, que não era visto pela plateia, apenas por quem estava no plenário. Ele vestia blusa social e passou a audiência sentado ao lado de uma advogada da equipe de Braz Sant'Anna, em uma das salas do Centro Integrado de Videoconferência do Complexo Penitenciário de Gericinó, em Bangu.

No depoimento de Henrique Damasceno, houve atritos com Thiago Minagé, que também se indispôs com o promotor Fábio Vieira. O advogado de Monique elevou o tom de voz e interrompeu frases antes que os dois terminassem de falar. Ao primeiro, Minagé reforçou mais de uma vez que estava ali como testemunha e não como delegado. Em pelo menos quatro momentos a juíza Elizabeth determinou que as discussões se encerrassem. Ela chegou a pedir "pelo amor de Deus". Um pouco depois, gritou: "Isso aqui não é debate nem CPI! Os senhores não vão transformar isso aqui num circo".

Mal interpretada, a juíza acabou sendo alvo, quase em tempo real, de integrantes da CPI da Covid, que acontecia em Brasília: senadores alegaram que ela feriu a Lei Orgânica da Magistratura, que proíbe manifestações políticas. Durante o almoço, Elizabeth soube da polêmica. Ao retornar ao plenário, disse que não teve a intenção de ofender os políticos. "Na CPI tem representantes do povo e lá acontece de forma que tem que ser. Aqui não é dessa forma. Sou uma entusiasta da CPI, assisto e torço para ter resultado. Acho que fui inábil ao usar a palavra CPI depois de circo", reconheceu.

As testemunhas seguintes foram a delegada assistente Ana Carolina Medeiros e o inspetor Rodrigo Melo, ambos questionados principalmente sobre a chamada quebra da cadeia de custódia: os advogados alegaram que os celulares apreendidos com o casal, por exemplo, não haviam sido acondicionados em sacos lacrados, antes do envio para a perícia.

Depois dos policiais, chegou a vez de Leniel. O engenheiro vestia uma camisa com o rosto do menino estampado, sob um blazer. Ele começou sendo questionado pelo promotor sobre seu relacionamento com Monique. "Estávamos tendo problemas conjugais, como outros casais. Nos separamos mais ou menos na segunda quinzena de outubro e a partir dali foi cada um para o seu lado: eu continuei na minha casa e ela foi com Henry para a casa da mãe, em Bangu. Eles acabaram preferindo, porque era próximo do trabalho dela e pra ele era bom porque tinha um quintal grande, onde gostava de brincar com a cachorrinha", disse.

O engenheiro contou ainda sobre como o casal lidava com as despesas do dia a dia: "Monique trabalhava em uma escola, como diretora, e ganhava uns R$ 6 mil. Mas nunca ajudou em nada em casa. Ela usava o dinheiro para ir ao salão, fazer as unhas, os cabelos... Quando casamos, dei um cartão de crédito adicional a ela, para usar com o que precisasse. Esse cartão chegou a vir com R$ 15 mil. Quando nos separamos, eu tinha três empréstimos no banco".

Leniel mencionou a ambição da professora: "Monique sempre quis que eu vendesse o apartamento, comprasse uma casa maior e colocasse no nome dela. Sempre foi ambiciosa. Em outubro, disse que precisava de independência financeira. Na época, eu não tinha o entendimento. Hoje, vejo que era para se relacionar com Jairo, pela ambição".

Ele falou também sobre o relacionamento com o filho depois da separação e da mudança da ex-mulher e Henry para o condomínio Majestic, com Jairinho: "Entre novembro e dezembro, Monique expressou a vontade de sair de Bangu. Fiquei muito preocupado na época, porque meu filho nunca tinha dormido no quarto sozinho, ele só ficava entre a gente na cama".

No primeiro fim de semana em que pegou o menino no novo apartamento, Leniel relatou ter ouvido reclamações em relação à convivência com Jairinho. "Ele entrou no carro e disse: o tio machuca, o tio abraça forte. Perguntei se ele não tinha contado isso para a mamãe. Ele disse que contou, mas ela teria respondido que era um sonho dele". O engenheiro falou que o filho vinha se recusando a retornar ao Majestic. Ele chegou a dizer para Henry ir para casa "porque a mamãe era boa". Mas, segundo o engenheiro, o menino respondeu: "Não, papai. A mamãe não é boa, a mamãe é má".

Um momento de emoção no Fórum foi quando Leniel cantou "Mãezinha do céu", música entoada por Henry em um de seus últimos registros, num vídeo postado nas redes sociais. A canção, que se tornou sucesso na voz do padre Marcelo Rossi, foi reproduzida pelo engenheiro: "Mãezinha do céu, eu não sei rezar. Eu só sei dizer: eu quero te amar". Ele e Monique foram às lágrimas, assim como parte da plateia.

Ex-mulher de Jairinho, Ana Carolina depôs na condição de informante, sem o compromisso de dizer a verdade como as testemunhas. Com um enorme casaco preto, cabelos presos, máscara de proteção e *face shield* sobre o rosto, ela foi advertida pela juíza antes de começar a falar: "Se não der pra ouvir sua voz no microfone, você terá que tirar isso". A nutricionista não acrescentou novidades. Disse que o problema do relacionamento com Jairinho foi a infidelidade do companheiro e que ele jamais sequer levantou a voz para os filhos. Ao contrário, referiu-se a ele como ótimo pai.

Depois do executivo Pablo Meneses, que repetiu o que dissera na delegacia, foi a vez de a babá Thayna ser ouvida. Sétima testemunha do dia, ela se aproximou do microfone e pediu: "Eu me sinto ameaçada e coagida pela Monique, depois de tudo que eu passei. Gostaria que ela saísse, não me sinto confortável em falar com ela aqui". A juíza Elizabeth fez um aceno com a cabeça e Monique foi levada por um policial militar ao corredor do plenário.

Thayna foi a grande surpresa da audiência, com um posicionamento que contradisse vários pontos do seu segundo depoimento. "Eu me senti usada pela Monique durante todo esse tempo, no sentido de que ela tentou me mostrar um monstro do Jairinho. Mas eu nunca vi nada dele. Ela me contou várias coisas dele, fez a caveira", declarou a babá, que disse ter sido manipulada pela professora contra Jairinho. Segundo Thayna, antes de seu primeiro depoimento à polícia, num encontro no escritório do então advogado André França Barreto, a ex-patroa teria lhe orientado sobre o que deveria dizer aos investigadores. A babá afirmou que, com medo, seguiu as determinações.

Questionada pelo promotor Fábio Vieira sobre as mensagens de 12 de fevereiro, em que narrava que Henry mancava e reclamava de dores ao sair do quarto do padrasto, ela disse não se lembrar do episódio. Também negou ter presenciado Jairinho agredindo o menino. Pego de surpresa, o promotor falou que pediria uma apuração por falso testemunho da babá e, irritado, completou que não tinha interesse em fazer novas perguntas. Hugo Novais e Thiago Minagé, advogados de Monique, chegaram a pedir a prisão em flagrante de Thayna, mas a juíza determinou que o depoimento da babá fosse encaminhado à 16ª DP para se apurar o crime de falso testemunho.

As últimas a depor foram as médicas Maria Cristina de Souza Azevedo, Viviane dos Santos Rosa e Fabiana Barreto Goulart Déléage. Elas disseram que Henry chegou ao Barra D'Or em parada cardiorrespiratória, sem sinais vitais – ou seja, já morto – e descreveram as técnicas de reanimação feitas pela equipe. Braz Sant'Anna, advogado de Jairinho, destacou a presença de um técnico de enfermagem "alto e forte" e sobre a possibilidade de as lesões no corpo do menino terem sido causadas dentro da unidade de saúde. As três médicas descartaram a hipótese.

Em um discurso já no início da madrugada, o promotor Fábio Vieira informou que alteraria a motivação do crime na denúncia do Ministério Público. Enquanto o também promotor Marcos Kac, que acompanhou as investigações, argumentava que Henry morreu por atrapalhar o relacionamento de Jairinho e Monique, Fábio Vieira alegou que o ex-vereador agiu por sadismo. Segundo ele, a morte da criança foi um ato de Jairinho para satisfazer o seu próprio prazer, enquanto a professora via vantagem financeira no namoro "em detrimento da saúde física e mental do seu filho". O promotor sustentou ainda que o casal assumiu o risco de matar o menino, mas não teve a intenção de fazê-lo. Por isso, mudou a denúncia de homicídio com dolo direto para homicídio com dolo eventual.

* * *

Após a audiência, as defesas de Jairinho e Monique lançaram mão de duas estratégias para tentar desqualificar as investigações do caso. Os advogados Hugo Novais e Thiago Minagé incluíram no processo um laudo encomendado ao perito Lorenzo Parodi para contestar a integridade do celular apreendido com a professora. No documento, Lorenzo afirmou que o aparelho, antes de ser enviado para a perícia no Instituto de Criminalística Carlos Éboli, foi manipulado de forma indevida, com a criação e modificação de arquivos. Na audiência, porém, o delegado Henrique Damasceno já havia descartado qualquer possibilidade de alteração.

Alguns dias depois, ainda em outubro, foi a vez de o Coronel Jairo contratar a advogada Flávia Fróes, responsável pela defesa de traficantes como Márcio dos Santos Nepomuceno, o Marcinho VP, um dos chefes do Comando Vermelho, a maior facção criminosa do Rio de Janeiro. Ela fez um trabalho de investigação paralela do caso e divulgou a jornalistas o vídeo da madrugada de 8 de março, em que Jairinho aparece no elevador do condomínio Majestic supostamente fazendo respiração boca a boca em Henry.

No entanto, duas semanas antes, na audiência do caso, o delegado Henrique Damasceno já havia reiterado que as ações de Jairinho não provocaram qualquer efeito. "Soprar a boca de uma criança no colo, desfalecida, não é o procedimento certo em um caso como esse". Damasceno ainda acrescentou: "Ficou expressamente demonstrado pela equipe médica e pelos laudos periciais que, embora tenha sido submetido a manobras de ressuscitação por bastante tempo, em nenhum momento ele apresentou frequência cardíaca. Henry já chegou morto ao hospital".

A advogada Flávia Fróes também encomendou ao perito Sami El Jundi um laudo sobre a necrópsia feita no corpo de Henry. Em um documento de 15 páginas, vazado a repórteres, Sami apontava falhas no procedimento e indicava que o menino sofrera um acidente doméstico, que provocou um traumatismo craniano com a queda da cama e um estado de inconsciência. Levado ao Barra D'Or, a criança teria sofrido uma laceração no fígado causada pelos médicos que o atenderam, o que seria o motivo de sua morte. A alguns veículos de comunicação, Flávia deu entrevista dizendo que o caso era "o maior erro judiciário da história" – embora as profissionais que atenderam Henry já tivessem confirmado, na delegacia e em juízo, que o menino chegara morto ao hospital.

Dias depois, o advogado Braz Sant'Anna, o único nomeado no processo como defensor de Jairinho, informou que entraria com uma representação disciplinar na Ordem dos Advogados do Brasil contra a colega por ela ter ferido o Código de Ética da profissão.

* * *

A audiência de 6 de outubro foi um raro momento em que Monique saiu da cadeia. Ao deixar o plenário, ela foi novamente algemada e levada ao Instituto Penal Oscar Stevenson, em Benfica. A professora fora transferida no início de agosto para a unidade, recém-reformada. Depois de quatro meses no presídio de Niterói, passou a dividir uma cela com nove mulheres, entre elas Priscilla de Oliveira, síndica de um condomínio de luxo na Barra da Tijuca acusada de encomendar a seu amante a morte de um morador.

Monique acordava diariamente às 6h30. Depois do café com pão e manteiga dentro da cela, lia e escrevia cartas, sentada na cama. Em duas delas, redigidas ainda em agosto e endereçadas à mãe e ao irmão, a professora afirmou: "Precisamos aceitar o que nos aconteceu como algo que faz parte da vida, resultado não da vontade de Deus, mas de um mundo caído sem Deus. Devemos aceitar que coisas ruins aconteçam às pessoas boas". Em outro trecho, dizia: "Abençoar a quem julgamos que não mereça é entender profundamente o que significa o favor que não merecemos, chamado graça. Você só conseguirá perseverar abençoando quem te maltrata se seus olhos estiverem focados no céu".

As cartas traziam desenhos coloridos e declarações de amor ao filho, em frases como "Henry, amo você para sempre" e "Deus sabe quem eu sou. E meu filho também sempre soube". Ela escreveu ainda a sua família: "Estamos separados momentaneamente por muros, em breve estaremos juntos. Para todo o sempre".

Monique almoçava às 12h e, três vezes por semana, tinha direito a banho de sol por duas horas, sempre pela manhã. Semanalmente, recebia as visitas do advogado Hugo Novais. Às segundas-feiras, também iam ao presídio sua mãe, Rosângela, o irmão, Bryan, e a prima Ana Paula Medeiros Pacheco, que criou perfis nas redes sociais para defender a professora.

Jairinho, após a audiência por videoconferência, entrou em um furgão da Seap e percorreu 300 metros até o Presídio Pedrolino Werling de Oliveira. Voltou para a galeria D, onde estavam presos um empresário acusado de corrupção na Operação Lava Jato e um médico suspeito de crimes sexuais. Também ficava na cela o engenheiro Mário Marcelo Ferreira Santoro, acusado de assassinar na Austrália, em 2018, a ex-namorada Cecília Müller Haddad.

Em Bangu 8, os presos costumam acordar às 7h. Entre 8h e 8h30, um dos detentos encosta um carrinho em cada uma das galerias e distribui o café da manhã: pão industrializado com margarina e café servido em jarros azuis com leite de caixinha. O almoço é oferecido quatro horas depois. À tarde, os detentos têm direito a duas horas de banho de sol no pátio dos fundos da galeria. Como Jairinho não tem o hábito de jogar futebol nem de correr, fica sentado conversando – muitas vezes, ele sequer deixa a cela.

Além dos advogados, são cadastrados para visitar o ex-vereador sua ex-mulher, Ana Carolina; os dois filhos deles, um menino de 10 anos e uma menina de 16 (idade com as quais estavam em novembro de 2022); sua primeira namorada, Fernanda Abidu Figueiredo; o filho deles, Luís Fernando; e a irmã, Thalita. Enquanto os advogados têm acesso livre a qualquer dia, entre 8h30 e 17h, os familiares só podem entrar em Bangu 8 às quartas-feiras e aos sábados, entre 9h e 12h, podendo permanecer até as 16h.

Ana Carolina costuma levar as crianças na parte da manhã. Os três vão de carro até o Complexo de Gericinó, estacionam na porta do presídio e ficam na fila com os demais parentes e advogados. Quando chega a vez de entrarem, apresentam um documento de identidade e a carteirinha da Seap ao policial penal, que os libera para passarem por um aparelho de raio-x.

Lá dentro, sentam com Jairinho em bancos ao redor de uma grande mesa de alvenaria. O espaço conta com micro-ondas para esquentar refeições e uma lanchonete que vende hambúrguer, biscoito e garrafas de refrigerante de dois litros. Ao final do encontro, costumam dar um abraço demorado.

De volta à cela, Jairinho e os demais presos veem televisão num aparelho de 24 polegadas. Durante o dia, a programação costuma ser a da TV Record. À noite, os detentos trocam para as novelas da Globo. Na primeira semana de outubro de 2021, uma cena de "Império", o folhetim das 21 horas, fez com que os ocupantes da galeria D, onde estava Jairinho, rissem e fizessem piadas: foi quando o comendador José Alfredo, interpretado por Alexandre Nero, conseguiu a liberdade. O personagem havia sido preso pela Polícia Federal após forjar por meses a própria morte.

Apêndice
Os últimos acontecimentos

Em 14 de dezembro de 2021, Monique e Jairinho se encontraram pela primeira vez após serem presos. Sentado a dois metros de distância no banco dos réus do II Tribunal do Júri, o agora ex-casal acompanhou a continuação da audiência de instrução e julgamento do caso. Com máscara descartável contra Covid-19 e vestindo calça jeans, blusa de manga comprida branca e chinelos, eles a todo momento folheavam as páginas do processo, faziam anotações e comentários nos ouvidos dos seus defensores.

Nesse dia, prestaram depoimento a cabeleireira Tereza Cristina dos Santos, o policial civil Sigmar Rodrigues de Almeida, a assessora Cristiane Isidoro, Fernanda Abidu Figueiredo e Luis Fernando (ex-namorada e filho de Jairinho), além do conselheiro do Tribunal de Contas do Município (TCM) Thiago Kwiatkowski Ribeiro. Coronel Jairo e a empregada Leila Rosângela se apresentaram espontaneamente e também foram ouvidos.

Uma das falas mais longas foi a do Coronel Jairo, que defendeu a inocência do filho e da nora. "Ele foi criado na poesia e na arte, com muito amor. Jairinho tem TOC e quem tem isso não tem psicopatia. Sou estudioso, li nove livros de psicopatia, li livros de serial killer e percebi que a psicopatia não se encaixava no Jairinho. A polícia buscou duas ex-namoradas dele que estavam insatisfeitas. Tenho contato com cinco ex-namoradas com filhos que o adoram. Jairinho se dá muito bem com os filhos delas", disse, negando ainda ligação com o crime organizado: "A mídia espalha isso sobre mim. Mas no relatório da CPI da Milícia não há menção ao meu nome".

No dia seguinte, foram ouvidas as dez testemunhas arroladas pelos advogados de Monique, entre eles o delegado Antenor Lopes Martins Junior, diretor do Departamento Geral de Polícia da Capital, à qual a 16ª DP está subordinada, além da professora Rosângela Medeiros da Costa e Silva e do estudante Bryan Medeiros da Costa e Silva, mãe e irmão dela. "Amor não mata. Henry foi extremamente amado, cuidado, protegido. Monique foi repleta de cuidados com o filho. Nós fazíamos comidinhas, regávamos as plantinhas. Era um menino educado e minha filha sempre foi uma excelente mãe", emocionou-se a avó do menino.

Três semanas após a audiência, em uma petição para a juíza Elizabeth Machado Louro, do II Tribunal do Júri, Monique afirmou ter sido ameaçada pela advogada Flávia Fróes, contratada pela família de Jairinho para uma investigação paralela do caso. Flávia a visitou no Instituto Penal Oscar Stevenson, em Benfica, a teria obrigado a assumir a culpa pelo crime e dito que ela deveria ser transferida ou seria "pega" na cadeia. A professora foi levada dias depois para o Instituto Penal Santo Expedito, no Complexo Penitenciário de Gericinó. Flávia justificou que esteve no presídio para entrevistar Monique sobre o histórico médico do menino e contar a ela sobre o que produzira em relação às provas periciais.

Em janeiro de 2022, alegando questões de foro íntimo, o advogado Braz Sant'Anna renunciou à defesa de Jairinho. Ele já havia divulgado à imprensa uma nota de repúdio pela suposta interferência de Flávia Fróes. "Manifestamos a nossa indignação acerca da conduta praticada pela advogada Flávia Froes, que, para além de antiética, caracteriza, em tese, deplorável prática delituosa".

Jairinho nomeou Lúcio Adolfo da Silva e Telmo Bernardo Batista como seus novos advogados. O primeiro defendeu o goleiro Bruno Fernandes, condenado a 22 anos e três meses pelo homicídio e ocultação de cadáver da modelo Eliza Samudio e pelo sequestro e cárcere privado do filho; o segundo representou o pai do pastor Anderson do Carmo contra a ex-deputada federal Flordelis dos Santos Souza, acusada de ser a mandante da morte do marido.

Desde então, outros advogados também reforçaram a banca. Flávia Fróes passou a constar no processo principal com Claudio Dalledone Júnior, Karina Oliveira Marinho, Bruno Mattos Albernaz de Medeiros, Natália Gomes da Silva, Letícia Farah Lopes e Fabiano Tadeu Lopes. Já Flávio Fernandes, que representou Leniel Borel, surpreendeu e assumiu a defesa de Jairinho nas chamadas "ações periféricas", em que o ex-vereador é acusado, por exemplo, de estuprar uma ex-namorada. No início de fevereiro, em uma mensagem de voz vazada, Flávio afirmou que iria "gerar o caos": "O objetivo é esse: o caos chamando para mim (...). Se eu sair desse processo, acaba isso. Eu sou a figura principal desse processo. Pode Evandro Lins e Silva ressuscitar, mas nenhum advogado da face da Terra pode fazer por esse processo o que eu posso".

No pedido de afastamento da juíza, sob a justificativa de haver imparcialidade no processo, os advogados mencionaram sua presença no lançamento deste livro, em dezembro de 2021, alegando ser "incompatível" com a "independência que se espera de quem deverá julgar esta causa criminal". Mas o pedido foi indeferido por ela e pelos desembargadores da 7ª Câmara Criminal, que acompanharam o voto do relator, Joaquim Domingos de Almeida Neto.

Em 9 de fevereiro, foi a vez de Monique ser interrogada no plenário do II Tribunal do Júri. Por mais de dez horas, ela narrou em detalhes sua vida pessoal, profissional e amorosa com Leniel, antes e depois do nascimento de Henry. Relatou ter vivido um relacionamento abusivo com Jairinho e citou episódios de violência por parte dele, inclusive durante os atos sexuais: "Ele só parava de gritar quando a gente fazia as pazes. E era aquela coisa de controle, ele vem de uma família que sempre teve controle de tudo. Todas as vezes que namorávamos era como se fosse um ritual: ele em cima de mim, sempre me enforcando e mandando eu dizer que ele era o único homem da minha vida, que eu nunca tinha estado com outro homem. Ele me obrigava a dizer até ele completar".

Monique negou ter presenciado agressões ao menino na madrugada de sua morte: "Eu estava dormindo. Suponho que meu filho tenha tomado uma medicação que pode ter causado alguma laceração. Não sei se o Jairinho deu porque estava com ciúmes do Leniel. As únicas pessoas que sabem o que aconteceu são meu filho, que não está mais aqui; Deus, que sabe de tudo; e ele *(o Jairinho)*".

Jairinho falou por cerca de dez minutos, negou todas as acusações e se recusou a responder perguntas: "Juro por Deus que nunca encostei um dedo em um fio de cabelo do Henry. Preciso provar a minha inocência e a da Monique também. Se eu estou sofrendo no sistema prisional, imagino o que está sofrendo a Monique, que perdeu um filho. Existe a justiça dos homens e a justiça de Deus. Eu penso todos os dias como o perito *(Leonardo Tauil, responsável pela necropsia do Henry)* tem conseguido dormir, colocar a cabeça no travesseiro tranquilo".

Em 5 de abril, após pedido dos advogados Hugo Novais e Thiago Minagé, a juíza determinou a soltura de Monique, com uso de tornozeleira eletrônica. Na decisão, ela pontuou que "multiplicaram-se as notícias de ameaças e violação do sossego" de Monique no ambiente carcerário. Ainda que as denúncias "não tenham sido comprovadas, ganharam o fórum das discussões públicas na imprensa e nas mídias sociais, recrudescendo, ainda mais, as campanhas de ódio contra ela dirigidas".

Na tarde de 28 de junho, entretanto, atendendo a um recurso do Ministério Público, o Tribunal de Justiça do Rio determinou o retorno de Monique à cadeia. Mas, dois meses após voltar ao presídio, ela novamente teve a prisão revogada pelo ministro João Otávio de Noronha, do Superior Tribunal de Justiça (STJ).

Em 1º de junho, depuseram o perito Leonardo Huber Tauil, que assinou o laudo de necropsia de Henry, atestando hemorragia interna e laceração hepática, provocada por ação contundente, e o assistente técnico Sami El Jundi, contratado pelos advogados de Jairinho. Enquanto o primeiro, por mais de quatro horas, respondeu aos questionamentos no II Tribunal do Júri, o segundo afirmou que o menino chegou vivo ao Hospital Barra D'Or e sugeriu que a morte foi provocada durante procedimentos de reanimação.

Nos depoimentos, houve discussões envolvendo advogados, promotores e até a juíza. Em uma das ocasiões, Elizabeth Machado Louro, após ser interpelada, ameaçou retirar Claudio Dalledone do plenário caso ele a interrompesse durante suas perguntas ao perito.

Em 13 de junho, Jairinho foi novamente interrogado. "Eu sou inocente! Eu não fiz isso com Henry! Por Deus! Não é verdade. Isso que estão me acusando não aconteceu. Quando me mudei para morar com a Monique, escolhi o melhor quarto para ele. Tínhamos uma vida feliz juntos", disse: "Eu juro por Deus que nunca encostei em nenhuma criança. Sou nascido e criado em Bangu. Meus pais estão casados há 50 anos. Minha família é pautada no amor".

O ex-vereador falou sobre a madrugada de 8 de março. Disse ter sido despertado pela namorada já com o filho desacordado e achou que o menino, com mãos e pés gelados, havia engasgado. "Assim que vimos que o Henry estava passando mal, nós socorremos. Quando chegamos ao hospital, ela *(Monique)* saltou do carro rapidamente e entregou o Henry nas mãos de uma auxiliar de enfermagem. Fui estacionar e ela deu o primeiro depoimento à médica, dizendo que encontrou o Henry no chão do quarto. Nós socorremos. Isso é o mais importante", disse, completando: "Quem seria capaz de fazer mal a uma criança? Existe? Existe. Eu sou médico, já vi acontecer diversas vezes. Mas não é o meu perfil. Essa roupa não me cabe".

Jairinho criticou o inquérito e atribuiu a responsabilidade pela morte a profissionais do Barra D'Or, que teriam cometido "uma sucessão de erros". Segundo ele, um raio-x feito em Henry na unidade comprovaria sua inocência: "Obviamente um hospital da magnitude do Barra D'Or não quer errar. As médicas não querem errar. Mas, me desculpe, duas horas de massagem cardíaca em alguém que faleceu é algo difícil de acreditar. Ninguém faz massagem cardíaca em cadáver. Além disso, 40 minutos depois ele foi intubado".

* * *

Em 1º de novembro de 2022, a juíza Elizabeth Machado Louro determinou que Monique e Jairinho irão a júri popular por homicídio. A magistrada absolveu a professora sumariamente das acusações de tortura contra o menino, falsidade ideológica e fraude processual. O médico e ex-vereador também foi absolvido, mas em relação somente ao último crime. Ele seguirá preso e será julgado por homicídio e tortura. Já Monique permanecerá em liberdade e será julgada por homicídio e coação no curso do processo.

Em um trecho de seu despacho de 29 páginas, a juíza resumiu: "Em princípio, não existe motivo razoável para um adulto agredir uma criança tenra, em tão pouco tempo de convívio, do qual não se tem notícia de qualquer descontentamento causado pela vítima. Muito ao contrário, publicamente o relacionamento entre acusado e vítima era tido como cordial e amoroso. Portanto, o prazer perverso e sádico na agressão pura e simples surge bem plausível, pelo que (...) deve seu exame ser submetido à íntima convicção dos jurados".

Imagens do caso
A história de uma morte anunciada

Tela 1:

Aí logo depois Jairinho chamou ele para ver que comprou algo

Chama

Aí meu Deus

Aí ele foi para o quarto

Estou apavorada

De início gritou tia

Depois tá quieto

Aí eu respondi oi

Aí ele nada

Vai lá mesmo assim

Tá

Fala assim: sua mãe me ligou falando pra vc ir na brinquedoteca brincar com criança

E fica lá um tempo

Jairinho não falou que ia pra caaa

Casa

Então eu chamo e nenhum dos dois falam nada

Tela 2:

Bate na porta

Não respondem

Thaina

E só escuto voz de desenho

Acho melhor você vir

Entra no quarto mesmo assim

E daí se tiver acontecendo algo você vê

Fico com medo do Jairinho não gostar da invasão

Pera vou tentar abrir a porta

Ele não tem que gostar de nada

Abriu a porta do quarto

E aí?

Aí meu pai amado

Tela 3:

Abriu a porta do quarto

E aí?

Aí meu pai amado

Deu ruim?

Sabia

Pergunta tudo

Pergunta o que o tio falou

Então agora não quer ficar na sala sozinho

Só quer ficar na cozinha

Jairinho falou thayna deixa a mãe dele fazer as coisas

Tela 4:

Jairinho falou thayna deixa a mãe dele fazer as coisas

Pergunta se ele quer vir pro shopping?

Não liga não

Falei não tô falando com ela não

Tô falando com minha mãe

Aí ele ah tá

Tô sentada com ele na sala

Vendo desenho

Fala que vai na brinquedoteca

E eu mando um uber

A rose ta fazendo as coisas

Aí meu Deus

Que merda

Troca de mensagens pelo WhatsApp entre Monique e a babá Thayna em 12 de fevereiro, 24 dias antes da morte de Henry

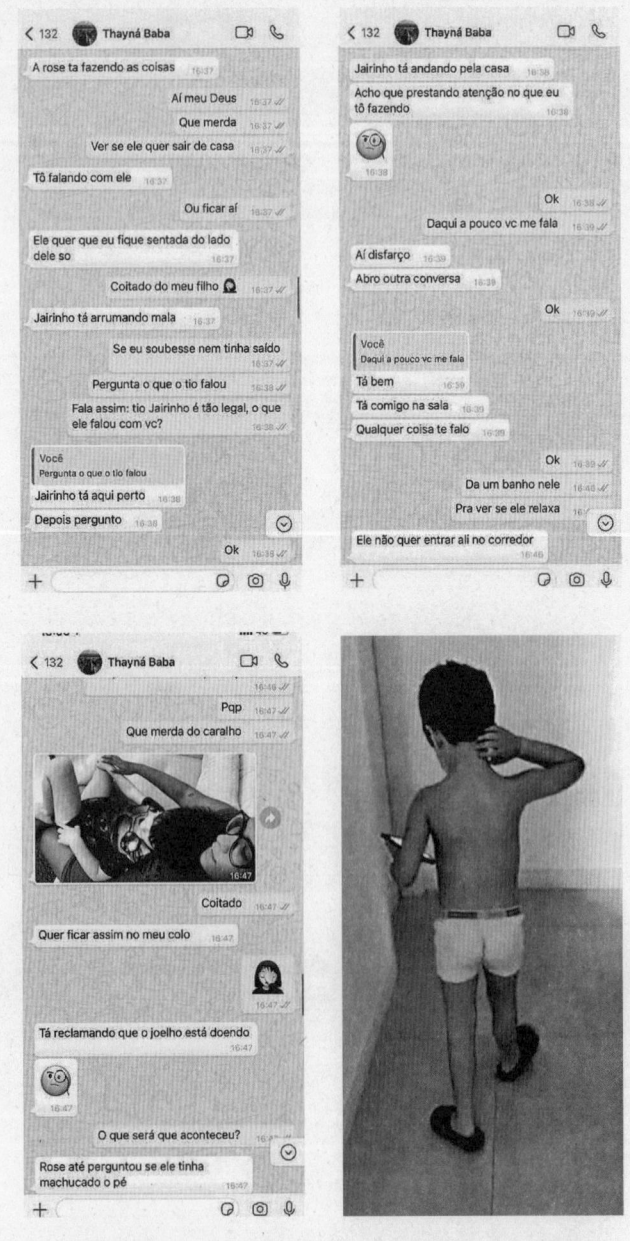

*Na sequência das mensagens enviadas para Monique,
Thayna mandou um vídeo em que Henry aparecia mancando*

DESENHE SUA FAMÍLIA.

Trabalho realizado em casa dia 09/02 porque não quis ficar no integral e assistiu a aula pelo app

O quarto de Henry no Majestic, onde guardava seus bonecos favoritos; ao lado, um desenho que fez no Colégio Marista São José, no dia 9 de fevereiro

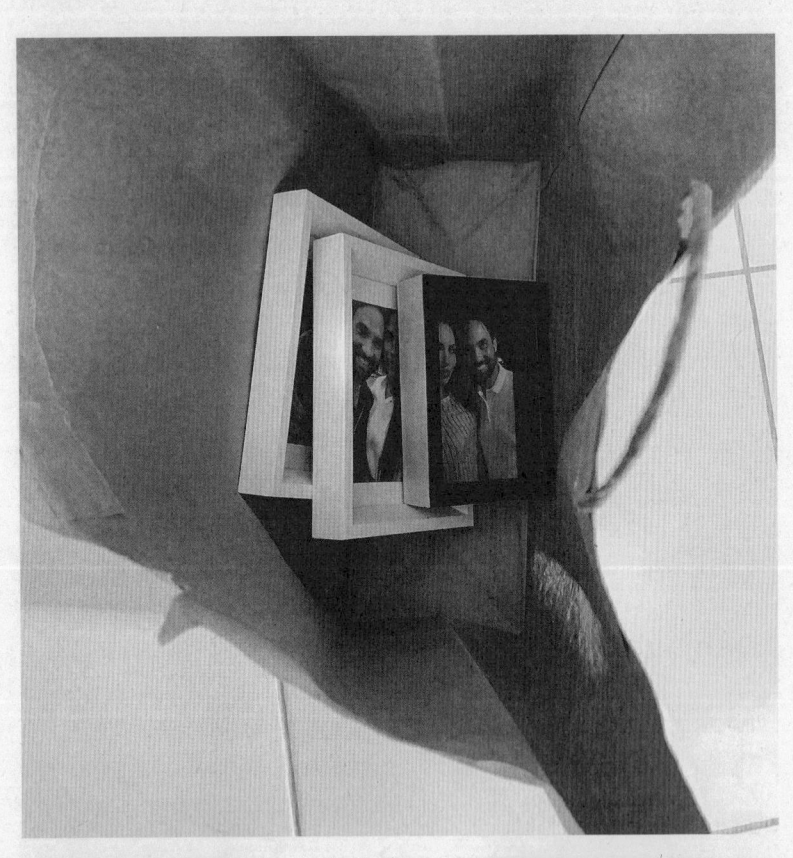

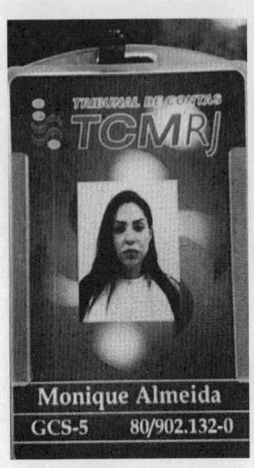

Porta-retratos que foram trocados, achados pela polícia no quarto de empregada; à direita, livros de Monique; à esquerda, seu crachá do Tribunal de Contas do Município, onde passou a trabalhar por indicação de Jairinho

Jairinho na Câmara do Rio e seu desenho, usado na campanha de 2020; ao lado, a mensagem em que pediu a Pablo Meneses, do Barra D'Or, para liberar o corpo do enteado sem a necrópsia do IML

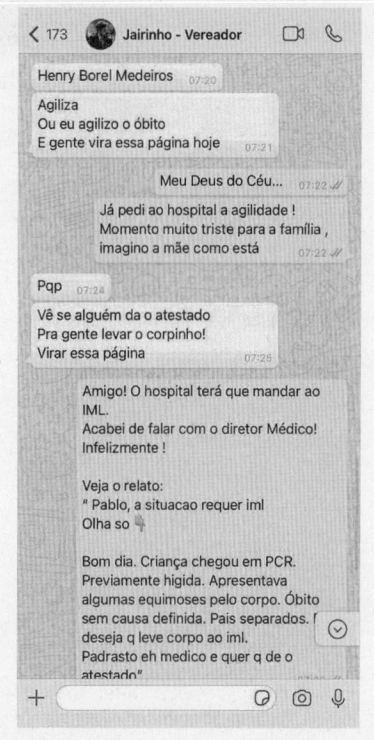

CASO HENRY **MORTE ANUNCIADA**

GOVERNO DO ESTADO DO RIO DE JANEIRO
SECRETARIA DE ESTADO DE POLÍCIA CIVIL
DEPARTAMENTO GERAL DE POLÍCIA TÉCNICO-CIENTÍFICA
INSTITUTO DE CRIMINALÍSTICA CARLOS ÉBOLI

Laudo: ICCE-RJ-SPL- 015380/2021	Ocorrência SPL: 319/2021
Destino: 16ª Delegacia Policial	Procedimento: 016-02930/2021

Frame 02- Imagem de Henry no vídeo do elevador, que mostra a saída dos envolvidos com o menino no colo em direção ao hospital. Horário em destaque na extremidade superior direita.

2.2) Em análise do prontuário médico do Hospital Barra D'or, constam as seguintes informações: (a) admissão às 04h39min da madrugada de 08/03/21 (dados na etiqueta gerada pelo sistema do hospital); (b) queixa principal: parado; criança deu entrada às 03h50min em parada cardiorrespiratória, relato do casal de que ouviram um barulho no quarto da criança e levantaram para ver, a criança pálida e gelada, sem resposta a estímulos verbais e táteis; (c) nota-se palidez cutâneo mucosa, cianose labial, em parada cardiorrespiratória, hipotonia generalizada, trismo (leia-se rigidez mandibular); (d) 04:29h* realizada IOT (intubação oro traqueal), difícil em virtude de rigidez de mandíbula; (e) na evolução subsequente: saturação de O$_2$ 50%, temperatura 34 graus, cianótico central e periférica, rigidez de mandíbula, trismo e assistolia, hipotônico, equimose em membro superior esquerdo, antebraço distal, membros inferiores, ausência de pulso central e periférico, ausência de perfusão, extremidades frias e cianóticas, neurológico não responsivo, glasgow 3....

* Cabe explicar em relação à divergência de horários observada na folha de admissão que a médica que fez o primeiro atendimento colocou o horário como 03h50min, porém a etiqueta gerada automaticamente pelo hospital contém a informação de 04h39min, condizente com o horário da filmagem do elevador às 04h09min. Da mesma forma, consta na etiqueta o horário de 04h39min, apesar da intubação ter sido feita às 04h29min, pois é comum pacientes graves terem seu atendimento iniciado antes da confecção da referida etiqueta.

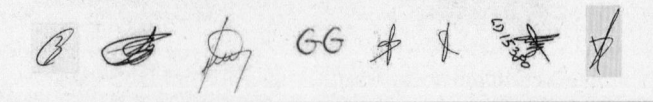

Laudo da polícia atestou que Henry já estava morto quando Monique entrou com ele nos braços, às 4h09 da madrugada de 8 de março

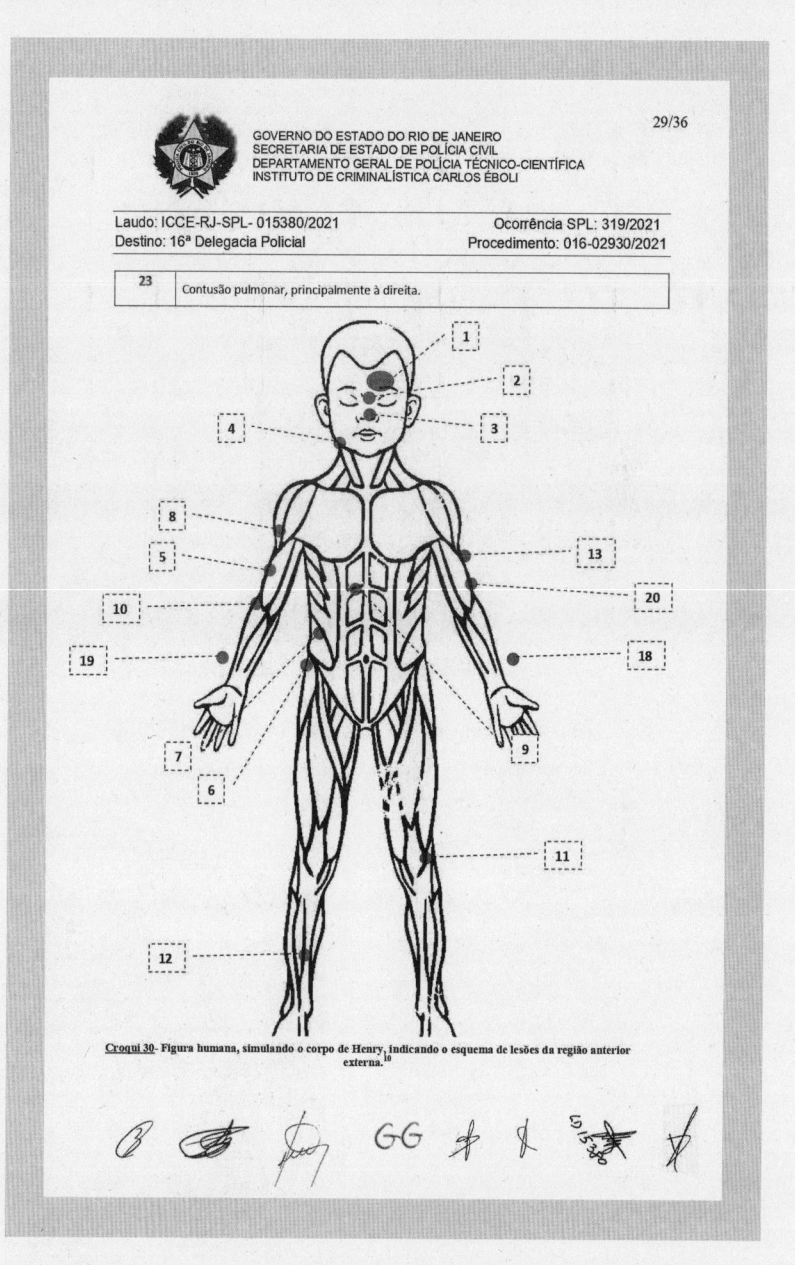

GOVERNO DO ESTADO DO RIO DE JANEIRO
SECRETARIA DE ESTADO DE POLÍCIA CIVIL
DEPARTAMENTO GERAL DE POLÍCIA TÉCNICO-CIENTÍFICA
INSTITUTO DE CRIMINALÍSTICA CARLOS ÉBOLI

Laudo: ICCE-RJ-SPL- 015380/2021
Destino: 16ª Delegacia Policial
Ocorrência SPL: 319/2021
Procedimento: 016-02930/2021

23	Contusão pulmonar, principalmente à direita.

Croqui 30- Figura humana, simulando o corpo de Henry, indicando o esquema de lesões da região anterior externa.[10]

Múltiplas lesões foram identificadas no corpo do menino pelos médicos legistas, que descartaram a hipótese de acidente doméstico

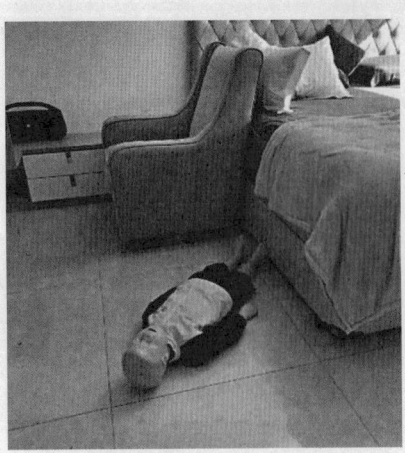

Peritos usaram um boneco com o mesmo peso e tamanho de Henry na reconstituição da morte do menino, enquanto um casal de policiais reproduziu o que foi narrado por Monique e Jairinho

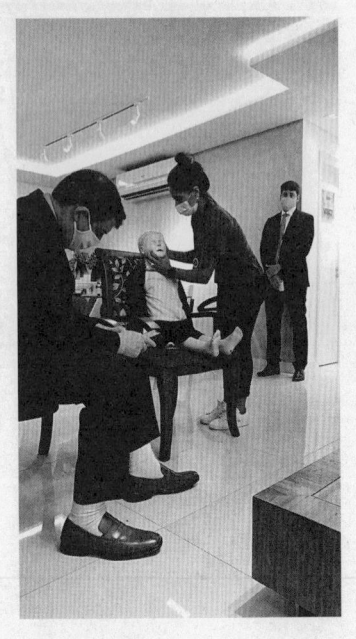

GOVERNO DO ESTADO DO RIO DE JANEIRO
SECRETARIA DE ESTADO DE POLÍCIA CIVIL
DEPARTAMENTO GERAL DE POLÍCIA TÉCNICO-CIENTÍFICA
INSTITUTO DE CRIMINALÍSTICA CARLOS ÉBOLI

Laudo: ICCE-RJ-SPL- 015380/2021
Destino: 16ª Delegacia Policial
Ocorrência SPL: 319/2021
Procedimento: 016-02930/2021

Foto 03 - Visão da suíte do casal, indicando a Monique deitando o seu filho Henry na cama do casal.

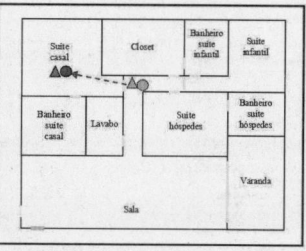

Croqui 03 - Trajeto chegando na cama da suíte do casal.

2. *"Que, assim que HENRY dormiu, a declarante e JAIRO ficaram na sala assistindo série;"*

Foto 04 - Visão da sala, indicando a Monique e o Jairo sentados no sofá assistindo televisão, de frente para o corredor central.

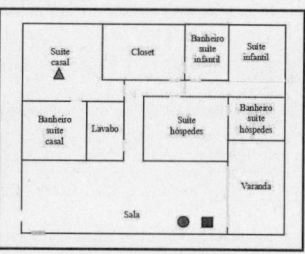

Croqui 04 - Localização do casal na sala e do filho Henry na suíte do casal.

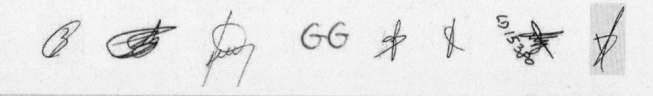

Página do laudo em que policiais simularam a movimentação do casal nos cômodos do apartamento, momentos antes de Henry morrer

Entrevista do casal ao "Domingo espetacular", da TV Record, exibida em 21 de março, duas semanas após a morte de Henry; abaixo, a entrada do Majestic

Reunião na Secretaria de Polícia Civil, em 19 de abril, duas semanas antes de encerrar o inquérito, com as presenças dos delegados Antenor Lopes, Henrique Damasceno e Ana Carolina Medeiros

O casal no dia em que foi preso; abaixo, Monique entre seus advogados, vista por trás do vidro do Fórum do Rio, durante audiência em outubro de 2021

Este livro utilizou a fonte Glosa Text. A primeira edição
foi impressa em papel Pólen Soft 80g, em novembro de 2021,
oito meses após a morte de Henry.